세차의 정석

손세차부터 셀프광택까지 자동차 디테일링의 모든 것

ESSENCE OF AUTO DETAILING

세차의 정석

샤마 지음

시공사

차례

006 　**프롤로그**

STEP 0
세차를 시작하기 전에

012 　**Q&A** 물세차를 자주 하면 차가 부식되기 쉽다?
014 　**Q&A** 세차는 얼마나 자주 해야 할까?
016 　**Q&A** 출고 후 첫 세차는 언제 해야 하나?
018 　**Q&A** 스월마크가 뭘까?
020 　자동차 부위별 명칭

STEP 1
외부 세차

024 　세차 용품
029 　세차 준비
031 　**실전 세차:** 고압수 예비 세차
034 　**실전 세차:** 샴푸 미트 세차
040 　**실전 세차:** 휠하우스·타이어·휠 세척
043 　**실전 세차:** 고압수 헹굼 세차
044 　물기 제거
049 　세차 옵션
052 　**Q&A** 세차를 해도 남아 있는 이물질이나 얼룩은 어떻게 제거해야 하나?
055 　**Q&A** 세차 후 2% 부족함이 느껴진다면?
056 　**Q&A** 휠과 타이어 광택은 어떻게 하면 될까?

STEP 2
실내 세차

060	진공 청소
064	클리닝
075	드레싱

STEP 3
레벨업 디테일링

082	페인트 클리닝: 클레이바
093	페인트 클리닝: 페인트 클렌저
097	왁싱
112	투명한 유리 만들기
121	휠 클리닝
130	스톤칩과 터치업
137	엔진룸 클리닝
146	차를 살리는 디테일
151	트러블메이커: 새똥
154	트러블메이커: 시멘트 낙수
156	트러블메이커: 나무 수액

STEP 4
셀프광택

162	셀프광택 기초
174	실전 셀프광택: 드릴 폴리싱
180	실전 셀프광택: 시거잭 광택기 폴리싱
185	실전 셀프광택: 핸드 폴리싱

프롤로그

"올해 마흔여덟입니다."
"어머, 그렇게까지 안 보이세요. 정말 동안이세요."

분명 듣기 좋은 말이지만 난 이런 말이 더 좋다.

"올해 열네 살 됐습니다. 2005년식이죠."
"와, 요즘 나오는 차보다 더 새 차 같은데요!"

분명 과장 섞인 칭찬이지만 자동차 디테일링 애호가들은 이런 칭찬을 제일 좋아한다고 해도 틀린 말이 아니다. 연식이 오래된 차일수록 차를 가꾸는 재미가 크다. 손볼 곳이 많고 디테일링 전후 차이가 확실하기 때문이다. '자동차 디테일링'은 차 안팎의 '디테일'한 부분까지 돌본다는 의미에서 만들어진 용어다.
자동차 디테일링 전문가 데이비드 제이컵스(David Jacobs)는 그의 저서 《Ultimate Auto Detailing Projects》에서 자동차 디테일링을 이렇게 정의한다.

> "자동차 디테일링은 판금이나 도색을 하지 않고, 자동차의 외관을 최상의 상태로 만드는 과정이다. 간단히 세차하고 진공청소기로 빨아들이는 것 그 이상의 의미로, 디테일링은 작은 부분까지도 계획과 관심이 요구된다. 외부 디테일링은 외부의 모든 부위에 대해서 체계적으로 클리닝하고, 광택을 복원하며, 왁스(보호제)를 바르는 작업이며, 내부 디테일링은 차의 바닥(매트)을 포함한 모든 부위에 대해 체계적이고, 노동 집약적으로 클리닝하는 일이다."

전문가가 말하는 자동차 디테일링은 기술 중심적이고 결과 중심적이어서, 취미로 디테일링을 즐기는 오너들에게 바로 적용하기는 어렵다. 전문가가 아닌 아마추어 입장에서 디테일링을 조금 쉽게 설명하자면 이렇다.

> "자동차 디테일링은 한마디로 차를 가꾸는 겁니다. 더러워지면 깨끗하게 닦고, 색이 바래면 되살려 놓고, 왁스를 발라 표면을 보호하고 더 윤기 있게 만드는 것이죠. 서양에서는 마부가 말을 목욕시키고 빗질하여 말끔하게 한다는 의미의 그루밍(grooming)이란 용어를 쓰기도 합니다. 화초에 물을 주듯, 반려견과 교감을 나누듯 애정을 듬뿍 담아 차를 보살펴 주는 것이 자동차 디테일링입니다. 우리말로는 차가꿈이라고 옮길 수 있습니다."

자동차 디테일링의 매력은 참 많다. 비 오는 날 보닛에 예쁜 구슬처럼 맺혀 있는 물방울들을 바라보는 것만으로도 충분히 매력적이라고 말하는 이도 있고, 직접 차를 가꾸는 것이 어려운 지인들을 대신해 작은 도움을 줄 수 있다는 점에 매력을 느끼는 이도 있다. 사람들마다 매력을 느끼는 지점이 조금씩 다르다는 것도 매력적이다. 내가 느끼는 자동차 디테일링의 매력은 크게 다섯 가지다.

첫째, 결과물이 상당히 드라마틱하다. 물론 처음부터 드라마틱한 결과물을 만들어내기는 어렵지만 하나씩 방법을 터득하다 보면 재미가 붙어 점점 더 어려운 과제에 도전하게 된다. 진짜 매력은 거기에서 오는 성취감에 있다.

둘째, 디테일링을 통한 몰입의 경험은 굉장하다. 몰입은 시간, 공간 그리고 나 자신을 잊고 대상에 집중하는 것을 말한다. 나를 잊고 무언가에 기꺼이 몰입할 수 있다면 그것이야말로 '힐링' 아니겠는가. 그래서 어떤 사람들은 '디테힐링'이란 표현을 쓰기도 한다.

셋째, 차에 대한 애정이 식지 않는다. 유대감을 강화하는 호르몬 '옥시토신'은 손 잡기, 포옹, 입맞춤 같은 신체 접촉에 의해 더욱 활발히 분비된다고 한다. 오너 디테일링의 본질은 차와의 접촉이다. 씻고, 닦고, 바르고… 접촉도 그런 접촉이 없다. 디테일링은 내 차를 향한 옥시토신을 끊임없이 분비시켜 주는 마르지 않는 샘물이다.

넷째, 운전이 달라진다. 깨끗하고 반짝이는 차는 도로 위의 슈트다. 옷차림이 달라지면 태도도 달라지듯 잘 관리된 차에 앉은 나는 도로 위의 신사가 된다. 마음은 여유롭고 운전은 경쾌해진다. 기분이지만 차도 더 잘 나가는 느낌이다.

다섯째, 기분 좋은 쾌적함을 다른 사람과 공유할 수 있다. 나뿐만 아니라 다른 누군가가 차에 올랐을 때 유리는 자국 하나 없이 투명하고, 대시보드는 빛나고, 시트와 카펫이 말끔하게 손질되어 있다면 적어도 차에 있는 동안만큼은 그 쾌적함에 기분이 좋아진다. 차에서 내린 이후까지 좋은 영향을 줄 수도 있을 것이다.

디테일링은 차를 운전할 수 있는 나이라면 누구나 즐길 수 있다. 자신의 여건에 맞게 디테일링 난도를 조절하면 되기 때문이다. 여력이 되면 점차 난도를 높여볼 수 있고, 사정이 여의치 않을 때는 난도를 낮출 수도 있다. 굳이 책을 읽지 않아도 즐길 수 있다는 이야기다. 그러나 등산을 하더라도 능선까지는 올라야 산을 오래 탈 수 있고 인공위성이 궤도까지는 진입해야 엔진의 도움 없이 관성으로 비행할 수 있듯이, 디테일링도 어느 정도의 지식이 있어야 큰 어려움 없이 오래 즐길 수 있다. 이 책을 통해 여러분이 디테일링의 능선까지 도달할 수 있도록, 관성으로 비행할 수 있는 궤도에 다다를 수 있도록 안내하고자 한다.

세차를 시작하기 전에

- **Q&A** 물세차를 자주 하면 차가 부식되기 쉽다?
- **Q&A** 세차는 얼마나 자주 해야 할까?
- **Q&A** 출고 후 첫 세차는 언제 해야 하나?
- **Q&A** 스월마크가 뭘까?
- 자동차 부위별 명칭

내 주위엔 어떻게 그렇게 몇 시간씩 세차를 할 수 있냐며 의아해하시는 분들도 있으나 차를 가꾸는 데 흠뻑 취해 있다 보면 정말 시간 가는 줄 모른다. 신선놀음에 도낏자루 썩는 줄 모른다는 속담이 딱 들어맞는다. 어제 일도, 내일 일도 모두 잊고 오로지 순간에만 몰입한다는 것. 이것이야말로 정신적인 휴식이 아닐까. 게다가 차를 아끼며 탈 수 있다는 실용적인 이점도 있으니 세차는 취미로 충분히 매력적이다.

Q & A

물세차를 자주 하면 차가 부식되기 쉽다?

이건 정말 전설 같은 이야기다. 도장이 파여 철판이 외부로 노출되어 있다거나, 녹을 방지하는 방청(防鏽) 처리가 제대로 되지 않은 부위에 오염물이 오래도록 수분을 머금고 있다면 모를까. 부식이 생기는 결정적인 원인과 차에 있어서 물의 이로운 점을 따져보면 분명히 바로잡아야 할 부분이 있다.

물은 흘러야 이롭고 고여 있으면 해롭다. 고인 물이 썩는다는 속담은 차에도 들어맞는다. 차 표면의 더러움은 물이 닿으면 녹거나 부서지고 물과 함께 흘러내리니 이때 물은 이롭다. 물론 물이 어떻게 흘러내리느냐에 따라서, 더러움이 얼마나 오래 머물러 있었느냐에 따라서 더러움이 가시는 정도는 다를 것이다. 그래서 더러운 차들은 비를 흠뻑 맞고 나면 조금은 깨끗해 보이고, 물로 강하게 두드려주는 세차장의 고압수를 쏘면 눈에 보이는 더러움을 제법 지워낼 수 있다.

물은 화학반응의 온상이다. 물이 없는 곳에선 물질 간의 반응이 무척 더디거나 좀처럼 일어나지 않다가도 물이 닿으면 반응이 활발해진다. 철이 녹스는 현상이 대표적인 예다. 녹은 산소와 철이 결합해 생기는 것이지만 건조한 곳에서는 웬만해선 생기지 않는다. 그러나 물이 합세하면 철과 산소가 결합하기 쉬운 상태가 되어 철이 빨리 녹슬게 된다. 고여 있는 물은 이러한 화학반응이 일어날 수 있는 환경을 마련해 주는 것이므로 차에는 이로울 것이 없다.

일본의 자동차 브랜드 스바루(Subaru)는 오너 매뉴얼에서 부식의 주요 원인과 부식을 가속시키는 조건을 자세히 설명하고 있다.

부식의 주요 원인
① 바디패널, 구멍, 틈 등에 쌓여 있는 젖은 흙과 이물질들
② 자갈이나 돌 튐, 작은 사고 등에 의한 페인트나 코팅막 손상

부식을 가속시키는 조건
① 제설제나 방진제가 뿌려진 도로를 주행하거나 공기 중에 염분이 많은 해안 지역이나 산업 공해가 심한 지역을 주행했을 때
② 습도가 높은 지역 특히, 물이 얼기 직전의 기온에서 주행했을 때
③ 특정 부위가 장시간 젖어 있을 때
④ 고온이지만 환기가 잘되지 않아 마르는 데 오래 걸리는 부위가 있을 때

그 어떤 자동차 브랜드도 세차를 차의 부식 원인으로 꼽지 않는다. 차의 부식은 흐르는 물에 의한 것이 아니라 고여 있는 물이나 젖은 오염물들이 오랫동안 차체에 방치될 때 생길 가능성이 높기 때문이다. 달리 말하면, 젖은 오염물들이 오랫동안 차체에 머물러 있지 않도록 보이지 않는 곳까지 구석구석 씻어주고, 남아 있는 물기가 없도록 꼼꼼히 물기를 닦아주는 세차는 녹과 부식의 발생 가능성을 현저히 떨어뜨린다고 할 수 있다.

Q & A

세차는 얼마나 자주 해야 할까?

세차에도 적정 치료 시간을 의미할 때 쓰는 골든아워란 게 있다. 모든 오염은 오래 방치할수록 제거하기 어려워질 뿐만 아니라 제거한다고 해도 도장 표면 안쪽으로 흔적을 남길 수 있다. 새똥이나 시멘트 낙수는 길어도 하루를 넘기지 않고 제거해야 후유증을 피할 수 있다.

야외에 세워두는 차는 보푸라기나 흙먼지 같은 단순 먼지와 화학물질이 섞인 미세먼지들로 뒤덮이기 마련인데, 밤이슬도 물이기에 이런 온갖 먼지들과 섞여 나름의 화학작용이 일어난다. 낮이 되면 말랐다 밤이 되면 젖기를 반복하다 보면 도장 표면에 단단히 달라붙으면서 세차만으로 제거되지 않기도 한다. 그래서 야외에 세워두는 차는 실내에 세워두는 차보다 세차를 더 자주 해야 오염을 제거하기 수월하다.

샤워를 자주 하면 샤워 타월과 비누만 있어도 몸이 금방 깨끗해지지만 몇 달에 한 번 목욕을 한다면 뜨거운 물에 때를 불리고, 때수건으로 진이 빠지도록 문질러야 한다. 차도 마찬가지다. 야외에 차를 세워둘 경우 1주에 한 번 세차를 하면 세척이 수월하고, 2주에 한 번 주기로 세차를 하면 무난한 편이며, 3주가 넘어가면 세차 후에도 남아 있는 얼룩 때문에 추가 작업이 필요할 수 있다. 실내에 차를 세워둔다면 세차 주기를 조금 더 길게 정해도 괜찮다. 물론 오염의 종류와 그 정도가 차마다 다르고, 비를 맞았는지, 차를 세워둔 곳이 양지냐 음지냐에 따라서도 세차 결과에 차이가 생길 수 있으므로 차 상태를 보고 세차 필요 여부를 판단하는 것이 좋다.

Q & A
출고 후 첫 세차는
언제 해야 하나?

새 차는 출고 후 한 달간 물세차만 하는 게 좋다는 이야기를 들어 봤을 것이다. 도장이 완전히 마르는 데 시간이 걸리니 되도록이면 도장면을 건드리지 말고 물만 쏘라는 이야기다. 자동차 도장에 관한 스테디셀러 《Automotive Paint Handbook》에 따르면, 높은 온도에서 굳는 페인트를 차체에 도포한 후 오븐(oven) 속에서 120도 이상으로 가열하면 페인트는 30분 이내로 굳는다고 한다. 자동차 공장에서 사용하는 특수 페인트는 상온에서 굳는 것이 아니라 '고온에서 짧은 시간에' 굳는다. 설령 오븐에서 30분 이내로 굳지 않더라도 이후 조립 공정과 검사 공정을 거쳐 출고되기까지의 시간이면 페인트는 세차에 무리가 없을 만큼 충분히 굳는다고 볼 수 있다.

출고 후 첫 세차의 시기와 방법은 연식이 있는 차와 다를 것이 없다. 새 차는 출고 후 한 달간 물세차만 하라는 이야기는, 새 차이니 조심해서 세차하라는 의미로 받아들일 수도 있지만 간혹 이런 소문들로 인해 오히려 해를 입기도 한다. 물만 뿌리는 물세차만으로는 이물질이나 얼룩이 완전히 제거되지 않을 뿐 아니라 물기를 닦는 과정에서 이물질이 도장면에 쓸려 흠집이 생길 수 있기 때문이다. 잘못될 것을 우려해 무조건 하지 말라고 하는 것보다는 정확한 정보를 제공하는 게 우선이다.

―――――――――――――――――――――――

대부분의 자동차 브랜드는 출고 후 세차 시기에 대해서는 제한을 두고 있지 않다. 볼보의 경우 출고 후 첫 몇 달간만 자동세차를 피하라고 할 뿐 손세차에 대해서는 별다른 제한이 없으며, 벤츠는 처음부터 자동세차를 해도 된다며 세차에 관대한 입장을 보여주고 있다. 따라서 출고 후 첫 세차는 시기의 문제가 아니라 세차 방법의 문제로 봐야 할 것이다.

Q & A
스월마크가 뭘까?

집안일에서 세차와 비슷한 일을 찾아본다면 설거지를 꼽을 수 있다. 먼저 물로 그릇들을 가볍게 헹궈낸 후 수세미에 주방 세제를 묻혀 적당히 거품을 내 그릇들을 닦고 세제와 음식 찌꺼기가 남지 않도록 깨끗이 헹군다. 대개 이렇게 한 후 식기 건조대에 그릇들을 엎어놓아 저절로 물기가 마르도록 하는데 깨끗한 행주나 키친타월로 물기를 닦아 싱크대 찬장에 바로 넣어놓기도 한다. 이렇게 하면 물때가 남지 않아 그릇이 더 깨끗해 보인다. 과정상 세차와 별반 다르지 않다.

그런데 이런 식으로 세척된 스테인리스 그릇 표면을 빛에 비추어 보면 무수히 많은 흠집들이 보인다. 광원을 중심으로 동글동글하게 보이는 흠집들인데 소용돌이 모양을 닮았다고 해서 '스월마크(swirl mark)'라 불리기도 한다.

자동차 도장 표면에 크고 작은 이물질이 붙어 있는 상태에서 아무리 부드러운 재질의 스펀지나 미트를 써서 살살 문지른다고 해도 이물질들이 도장 표면에 쓸리면서 흠집을 남기기 쉽다. 또한 거친 재질의 워시 미트로 문지르거나 부드러운 워시 미트라도 너무 세게 문지르면 흠집을 남길 수 있다. 이런 흠집들이 누적되면 스월마크로 보이게 된다. 스월마크는 차의 색상을 탁하게 하고, 광택의 깊이를 얕게 만들어 외관의 고급스러운 맛을 떨어뜨린다. 스월마크와 같은 흠집을 최소화하며 차를 가꾸기 위해서는 도구와 방법 모두 유기적으로 배합돼야 한다. 어떤 한 가지 도구나 특별한 방법 하나로 유기적인 배합을 대체할 수 없다. 앞으로 소개할 내용들은 안전한 디테일링 전반을 위한 도구와 방법의 유기적인 배합에 관한 것으로 이해해도 무방하다.

자동차 부위별 명칭

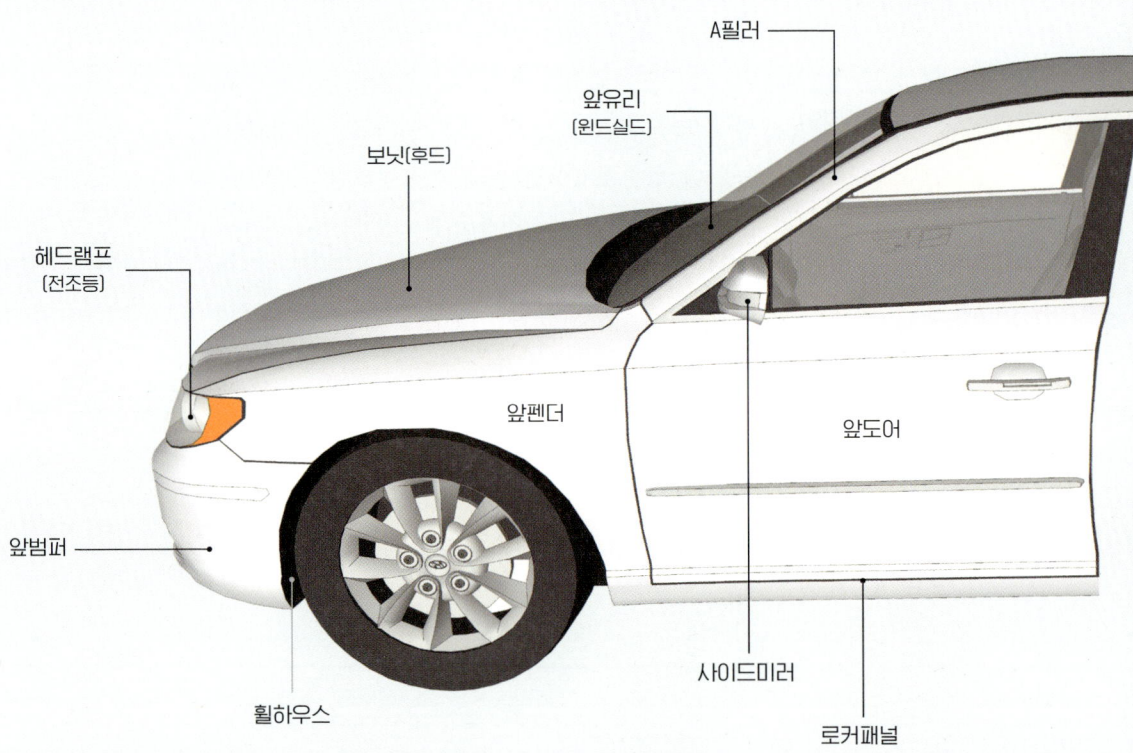

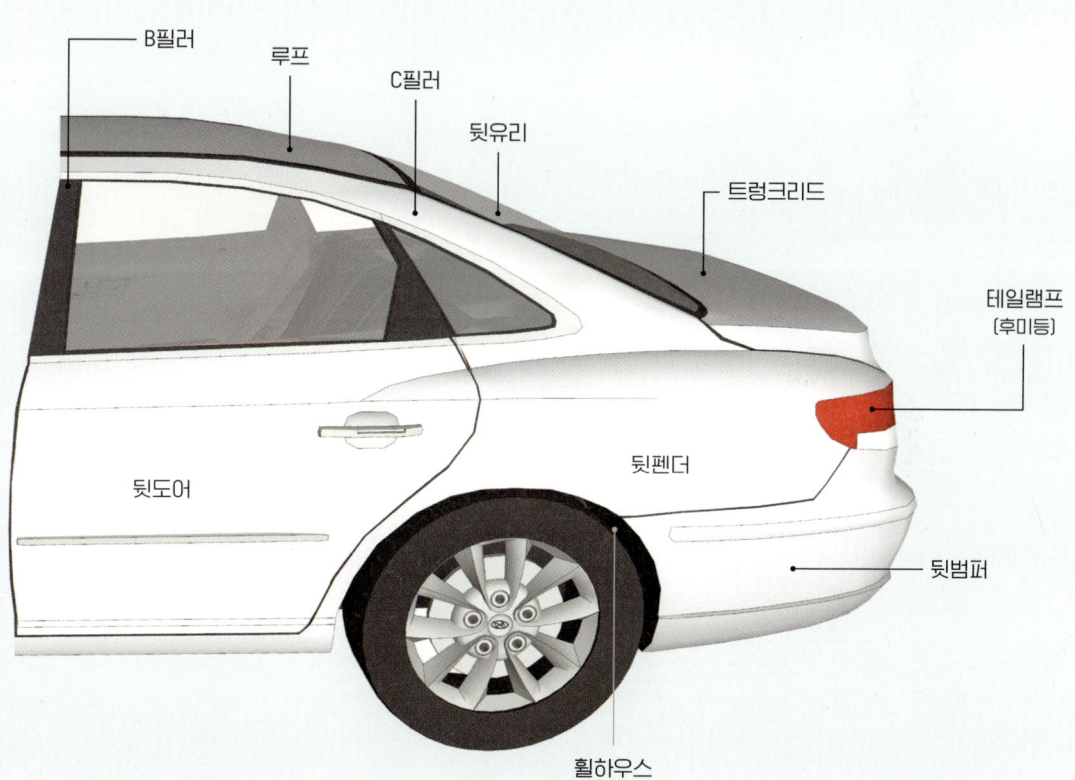

STEP 1
외부 세차

세차 용품

세차 준비

실전 세차: 고압수 예비 세차

실전 세차: 샴푸 미트 세차

실전 세차: 휠하우스·타이어·휠 세척

실전 세차: 고압수 헹굼 세차

물기 제거

세차 옵션

Q&A 세차를 해도 남아 있는 이물질이나 얼룩은 어떻게 제거해야 하나?

Q&A 세차 후 2% 부족함이 느껴진다면?

Q&A 휠과 타이어 광택은 어떻게 하면 될까?

세차가 좋아서, 깨끗함이 좋아서 하는 세차는 어디까지나 사람의 입장이다. 차에 도움이 되는 세차를 위해서는 '보살핌의 관점'에서 세차의 목적을 짚어볼 필요가 있다. 첫째, 오염물을 제거해 차체 표면의 손상을 예방하기 위함이다. 오염 물질이 오래 방치될 경우 제거가 어려워지고, 오염 물질을 제거해도 부식 흔적을 남길 수 있다. 둘째, 차체의 표면을 자세히 관찰해 조치가 필요한 상처가 있는지 확인하기 위함이다. 특히 주행 중 돌멩이가 차체에 튀어 도장이 깊이 파였다면 붓페인트로 파인 곳을 메워야 녹을 예방할 수 있다. 자동세차를 하거나 전문 손세차를 맡기더라도 세차 후 차체의 표면을 관찰해 문제가 될 만한 상처가 있는지 확인해야 한다.

세차 용품에는 어느 제품군 못지않게 다양한 가격대의 제품들이 있다. 감성을 자극하는 고품질의 브랜드 제품들도 있고, 볼품은 없지만 무난히 제 역할을 해내는 제품들도 많다. 제품을 고를 때 제품의 장단점이 무엇인지 파악하고, 자신이 중요하게 생각하는 특성을 지녔는지 따져보는 게 우선이다. 고가의 제품이라 하더라도 제품의 특성을 모른 채 쓰게 되면 기대한 만큼 효과를 보기 어렵기 때문이다. 어떤 제품을 선택하는가도 중요하지만 그보다는 선택한 제품을 어떻게 쓰느냐가 더욱 중요하다.

워시 미트

워시 미트는 카샴푸 희석액을 도장면에 문지를 때 쓰는 용품이다. 워시 미트 종류에 따라 장단점이 존재하지만 워시 미트의 특성에 맞게 쓰면 어떤 워시 미트든 사실 별문제가 되지 않는다. 다만 차의 아랫부분은 윗부분에 비해 오염이 심하므로 워시 미트는 위쪽용과 아래쪽용을 구분해 쓰는 편이 좋다. 이때 서로 다른 종류의 워시 미트를 두 개 정도 쓰면서 그 차이를 느껴보는 것도 괜찮다.

카샴푸

좋은 카샴푸는 더러움은 제거하면서 도장 표면의 왁스 피막은 손상시키지 않아야 하고, 미트가 도장면 위에서 부드럽게 움직일 수 있도록 윤활성이 좋아야 한다. 카샴푸는 차

	양모 미트	마이크로화이버 미트	셔닐 미트	스펀지 패드
장점	• 털이 가늘고 부드러워 도장면을 섬세하게 닦아낼 수 있다. • 도장면과 미트 사이에 이물질이 있을 경우, 양모 사이로 이물질이 파고들 수 있어 긁힘을 줄일 수 있다.	• 양모 미트의 장점을 어느 정도 지니면서 양모 미트보다 수명이 길고 가격이 저렴하다.	• 굵은 가닥들로 짜여져 마이크로화이버 미트에 비해 헹굼이 쉬운 편이다.	• 무게가 가벼워서 다른 미트들에 비해 다루기 쉽다.
단점	• 가격대가 높고 스펀지 패드나 마이크로화이버 미트에 비해 수명이 짧다. 물에 헹군 뒤 그늘에 말려주면 오래 쓸 수 있다.	• 이물질이 올 사이에 끼면 헹굼 시 양모 미트에 비해 이물질이 잘 떨어지지 않기 때문에 꼼꼼히 헹궈야 한다.	• 미트가 두툼한 편이어서 좁은 곳을 닦을 때는 불편하다.	• 이물질의 입자가 스펀지 구멍보다 큰 경우엔 다른 미트들보다 흠집을 더 크게 낼 수 있다. • 도장면과의 밀착도 역시 다른 미트들보다 떨어지는 편이어서 굴곡이 있는 곳은 완벽하게 닦이지 않는다.

의 도장, 유리, 플라스틱, 고무, 알루미늄, 크롬 등 여러 재질에 닿기 때문에 가급적 순한 것이 좋다. 그래서 카샴푸는 브랜드 있는 회사의 자동차 전용 샴푸를 쓰는 걸 권한다.

카샴푸를 써서 세차한 후에도 남아 있는 오염은 그 부분만 따로 클리닝하는 것이 차에 안전하다. 가벼운 오염과 심한 오염 할 것 없이 모두 한꺼번에 제거할 만큼 강한 세정제를 처음

카샴푸

부터 써서 차에 좋을 게 없다. 카샴푸뿐만 아니라 차에 쓰는 모든 약품이나 도구는 약하고 부드러운 것부터 쓰고, 효과가 부족한 경우에 조금 더 강한 것을 써보는 방식이 차에 안전하다.

버킷과 그릿가드

버킷(물 양동이)은 20L짜리를 추천하고, 이왕이면 그릿가드(grit guard)를 장착할 수 있는 세차용 버킷을 구비하면 더욱 좋다. 물론 세차용 버킷이 아닌 시장표 플라스틱 양동이도 세차용으로 쓰기에 크게 부족함은 없다. 그릿가드는 미트를 헹구면서 바닥에 가라앉은 이물질들이 다시 떠오르지 못하도록 물의 흐름을 막아주는 장치로, 미트를 헹굴 때 버킷 안의 물이 출렁거려도 그릿가드 아래쪽의 물에는 영향을 주지 않는다는 게 이 제품이 내세우는 특징이다. 그러나 실제로 써보면 물이 세게 출렁이면 가벼운 이물질은 그릿가드 위로 떠오르기도 한다. 그릿가드의 효과가 어느 정도 있는 것은 사실이지만 완벽하게 막아주는 것은 아니므로 미트를 헹군 후 미트가 잘 헹궈졌는지 눈으로 직접 확인할 필요가 있다.

버킷은 두 개를 준비해 헹굼용과 샴푸용 버킷을 구분해서 쓸 수도 있고, 버킷 하나로 헹굼과 샴푸를 같이 할 수도 있다. 버킷과 그릿가드가 많을수록 안전하겠지만 차가 비교적 깨끗한 편이라면 버킷과 그릿가드의 옵션을 줄여보자. 구성이 단순해지면 세차가 한결 수월해지고 세차 이후의 과정에 더 집중할 수 있기 때문이다.

그릿가드

그릿가드가 장착된 버킷

휠하우스·타이어·휠 세척 도구

차의 측면 비주얼에서 휠하우스, 타이어, 휠이 차지하는 비중은 상당하다. 도장의 광택이 아무리 수려해도 휠하우스, 타이어, 휠 어느 한 곳이라도 깨끗하지 않으면 시선이 자꾸 그 부분을 향하게 된다. 각 부위별 전용 세척 도구가 있지만 이 부위만큼은 도구보다는 정성이 더 크게 좌우하기에 자신이 쓰기에 편한 것으로 선택해도 무방하다. 다음에 언급하는 미트나 스펀지는 도장면을 닦는 미트나 스펀지와는 별개의 것이다. 그 외에 반복적으로 언급하는 도구는 혼용해도 괜찮다.

타이어 세척 도구

모가 너무 단단하지만 않다면 주변에서 구할 수 있는 브러시 어느 것이든 괜찮다. 쉽게 구할 수 있고 저렴한 구둣솔도 타이어 세척에 좋다.

휠하우스 세척 도구

꼼꼼하게 닦을 수 있다면 주변에서 구할 수 있는 다양한 도구를 사용해도 좋다. 미트나 스펀지로 넓은 부위를 닦고, 브러시로 좁은 부위를 닦으면 수월하다. 세차하고 남은 카샴푸액으로 웬만한 오염은 세척 가능하나 부족할 경우엔 다목적 세정제를 쓴다.

휠 세척 도구

어떤 휠 세척 도구를 선택할지는 휠 스포크 간격의 너비와 형태에 따라 달라진다. 휠 스포크 수가 적고 간격이 넓은 편이라면 미트, 스펀지, 브러시 어떤 것으로도 부족함이 없다. 휠 스포크 수가 많고 간격이 좁은 편이라면 브러시가 필요하다. 림 안쪽 깊은 곳을 닦을 때는 몸통까지 모가 달려 있고 뼈대가 유연한 림 브러시(사진 맨 오른쪽)를 사용하면 효과적이다.

휠 세척 도구

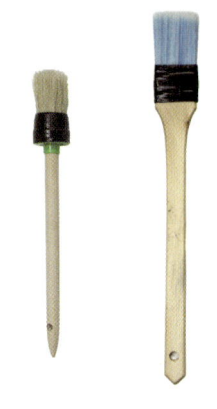

세차 전용 브러시(좌)
페인트 브러시(우)

좁은 틈새용 브러시

세차할 때 길쭉한 막대 브러시 하나만 있어도 여러모로 쓸 곳이 많다. 휠하우스 내부의 좁은 틈새, 휠 너트홀, 도어 힌지, 주유구 주변 등 좁은 틈새를 닦는 데 아주 유용하다. 세차 전용 브러시가 따로 있지만 철물점에서 쉽게 구할 수 있는 페인트 브러시도 쓸 만하다.

고무장갑

카샴푸액이 아무리 순하다 해도 계면활성제가 피부에 좋을 리 없다. 카샴푸액이 손에 장기간 반복적으로 닿으면 피부가 건조해지고, 심한 경우 주부습진에 걸리기도 한다. 고무장갑은 피부 건조를 막아주고, 휠하우스·타이어·휠 세척 시 날카로운 부위로부터 손을 보호해주므로 꼭 착용하자.

STEP 1
세차 준비

옷차림

장시간 세차할 계획이라면 옷차림은 꼭 따져봐야 한다. 움직임이 많기 때문에 옷의 신축성은 중요하지만 그렇다고 너무 늘어지는 옷은 오히려 불편하다. 그리고 옷에 부착된 장식이나 장신구는 차에 위협이 될 수 있으니 장식이 많은 옷은 피하고, 반지, 손목시계, 팔찌 같은 장신구들도 미리 빼놓자.

세차는 한 시간에 수백 칼로리를 소모하는 엄연한 아웃도어 활동이다. 여름철엔 땀으로 범벅이 되고 겨울철엔 추위와 맞서야 한다. 여름철엔 면 재질의 옷은 피하는 것이 좋다. 면은 땀을 잘 배출하지 못해 옷이 계속 젖어 있기 때문이다. 가능하면 땀이 잘 마르는 속건성의 기능성 옷을 추천한다. 여러 조건들을 따져봤을 때, 등산복이 좋은 대안이 될 수 있다. 방수 기능이 있는 트레킹화를 신으면 고압수를 뿌리다 물이 튀어도, 바닥에 물이 흥건해도 움직이는 데 부담이 없다.

물 받기

미트 헹굼용 버킷, 카샴푸 희석용 버킷을 따로 준비한다. 차의 오염 상태가 아주 가벼운 정도라면 버킷 하나로 헹굼과 샴푸를 겸해서 쓸 수 있다.

미트 헹굼용(좌), 샴푸용(우) 버킷

카샴푸 희석용 물은 중형차 기준 16~20L면 적당하다. 버킷 안쪽에 눈금을 미리 표시해 놓으면 물을 일정하게 채울 수 있어 희석 비율을 맞추기 쉽다. 그리고 미트 헹굼용 물은 많으면 많을수록 좋다.

카샴푸 희석

버킷에 물을 받은 후 카샴푸의 제품 설명에 표기된 희석 비율에 맞게 카샴푸를 넣고 손이나 그릿가드를 이용해 잘 섞는다. 버킷에 카샴푸를 먼저 넣고 물을 받는 방식은 거품을 쉽게 만들 수 있어 좋아 보이지만 과도한 거품 때문에 희석 비율을 정확히 맞추기 어렵다. 거품은 샴푸에 포함된 계면활성제의 종류와 함량에 따른 부산물일 뿐 거품 자체가 세정력을 좌우하는 것은 아니다. 적당한 거품은 미트가 도장면에서 잘 미끄러지는 데 도움이 되지만 과도한 거품은 오히려 세정에 방해가 될 수 있으니 권장 희석 비율을 지키자.

카샴푸 계량

그릿가드로 거품 내기

세차 도구 정렬

세차를 시작하기 전에 도구들을 모두 꺼내놓는다.
이물질이 묻지 않도록 바구니에 담아놓으면 좋다.

세차 도구들

STEP 1
실전 세차

고압수 예비 세차 ⇨ 샴푸 미트 세차 ⇨ 휠하우스·타이어·휠 세척 ⇨ 고압수 헹굼 세차

세차는 고압수 예비 세차, 샴푸 미트 세차, 휠하우스·타이어·휠 세척, 고압수 헹굼 세차 순서로 한다. 휠하우스·타이어·휠 세척을 네 단계 중 가장 먼저 하는 것이 좋다는 의견이 많고, 나 역시 그 의견에 동의하지만 샴푸 미트 세차 다음에 해도 무방하다. 휠하우스·타이어·휠을 세척하는 동안 도장면의 물기가 마르는 것을 염려할 수도 있지만 마지막에 고압수로 도장면을 깨끗이 헹구니 문제 될 것은 없다.

고압수 총구와 도장면과의 거리

예비 세차 시, 고압수를 잘 사용하면 남은 과정 동안 흠집을 덜 내며 세차하는 데 큰 도움이 된다. 도장 표면에 붙어 있는 알갱이 형태의 이물질들을 최대한 없앨 수 있기 때문이다. 그러기 위해서는 고압수 총구와 도장면 사이에 적당한 거리를 유지하며 빠뜨리는 곳이 없이 분사해야 한다.

여러 자동차 오너 매뉴얼에서는 고압수 총구와 도장면과의 거리를 30~50cm 정도 떨어 뜨릴 것을 권장하고 있다(나는 예비 세차 시 30cm 정도, 헹굼 세차 시 40~50cm 정도 거리를 두는 편이다). 사실 이보다 더 가까운 거리라 해도 문제는 없지만 범퍼 같은 플라스틱 부위의 도장, 깊은 상처가 있거나 균열이 있는 도장, 사고로 다시 칠한 도장에는 적정 거리를 유지하는 것이 좋다. 세차장 고압수의 수압은 100bar 전후로 시위 진압 물대포 수압보다 열 배가량 세며, 가까운 거리에서 피부에 대고 고압수를 쏠 경우 피부가 찢어질 정도로 강하다. 고압수를 엠블럼에 가까이 대고 집중해서 쏘면 엠블럼이 떨어져 나갈 수 있으니 주의해야 한다.

고압수 쏘는 요령

고압수를 처음 쏜다면 총구와 이어진 호스 관리에 유의해야 한다. 한 손은 고압수 총을 잡고 다른 한 손은 호스를 잡아 호스가 차에 닿지 않게 잡아준다.

고압수 총구와 도장면의 거리는 30~50cm를 유지한다

고압수 총이 움직일 때마다 호스가 차 표면에 닿으면 도장에 흠집이 생길 수 있기 때문이다.

고압수 총구에서 나오는 물의 분사 형태는 부채꼴 모양으로 빗자루를 닮았다. 고압수를 빗자루라 생각하고 도장 표면의 이물질들을 패널의 한쪽 끝으로 쓸어버리듯 한 방향으로 쏜다. 지그재그로 줄을 바꾸어가며 쏘거나 패널의 가장자리를 향해 위아래로 쓸어가듯 쏘아도 좋다. 이물질들을 여기저기 흐트러뜨리지 않고 빈틈없이 쏠 수 있다면 어떤 패턴이든 가능하다.

1

호스가 도장면에 닿지 않도록 붙잡는다

2

빗자루로 표면을 쓸 듯이 총구를 움직인다

고압수 쏘는 순서

고압수 총구는 비스듬히 아래를 향하도록 하고, 차체의 높은 곳에서 낮은 곳으로 쏘아야 이물질들이 계속 흘러내릴 수 있다. 보닛과 도어에 고압수를 먼저 쏘고 루프를 나중에 쏘면 루프에 있는 이물질들이 고압수에 튀어 보닛으로 떨어지거나 물을 타고 도어 쪽으로 다시 흐르기 때문에 보닛과 도어에 고압수를 또 쏴야 한다. 따라서 가장 높은 곳인 루프에 먼저 고압수를 쏘고, 유리, 바디패널 순서로 고압수를 쏘는 것이 효율적이다. 오래 방치된 이물질은 고압수를 쏴도 바로 떨어지지 않는다. 특정 부위에 고압수를 오래 쏘는 방법보다는 이물질들을 물에 적셔 어느 정도 물러질 시간을 둔 후 한 번 더 고압수를 쏘는 방법을 권한다. 나는 약 3분 동안 차를 세 바퀴 돌며 고압수를 쏜다. 루프와 유리창을 쏘며 한 바퀴, 휠하우스·타이어·휠과 바디패널을 쏘며 또 한 바퀴, 마지막으로 바디패널만을 쏘며 한 바퀴. 이렇게 하면 제한된 시간에 깔끔하게 고압수 예비 세차를 마칠 수 있다.

STEP 1
실전 세차

고압수 예비 세차 ⇨ **샴푸 미트 세차** ⇨ 휠하우스·타이어·휠 세척 ⇨ 고압수 헹굼 세차

미트질 순서

재오염을 막기 위해 루프와 유리, 패널 순서로 닦는다. 그러나 항상 루프를 먼저 닦아야 하는 것은 아니다. 보닛과 앞펜더를 먼저 닦고 그다음으로 루프를 닦아도 카울 커버의 물 빠짐 구멍으로 물이 흘러들기에 보닛과 앞펜더가 다시 더러워지는 것은 아니기 때문이다. 물론 도어를 먼저 닦아놓고 루프와 유리를 닦으면 루프와 유리에서 이물질 섞인 샴푸액이 도어로 흘러내릴 것이므로 도어를 닦기 전에 루프와 유리를 먼저 닦는 것이 적절하다.

미트질 원칙

미트 종류와 관계없이 공통으로 적용되는 미트질의 원칙이 있다. 원칙이 없는 미트질과 원칙이 있는 미트질에는 질적인 차이가 있을 수밖에 없다는 점을 명심하자.

❶ **물을 머금고 있는 미트의 무게만을 이용해서 도장면을 닦는다.**

미트가 샴푸액을 충분히 머금고 있을 때 도장면을 문지르는 것이 좋다. 샴푸액은 세정뿐 아니라 윤활의 역할도 크다. 미트에서 샴푸액이 많이 빠지면 미트가 부드럽게 미끄러지지 않고, 도장면과의 밀착력이 떨어져 손에 힘이 들어가기 쉽다. 힘을 준 채 미트를 누르면서 닦으면 도장에 흠집이 생길 수 있으니 주의해야 한다. 눌러

물을 머금은 미트의 무게만으로 가볍게 문지른다

닦는 것이 아니라 미트가 도장면에 '가볍게 쓸리도록' 닦는다. 미트가 묵직한 편이라면 오히려 미트를 살짝 들어 올리는 느낌으로 닦는 걸 권한다.

❷ **미트는 가급적 한 방향으로만 천천히 움직인다.**

왼쪽에서 오른쪽이나 오른쪽에서 왼쪽, 위에서 아래로만 움직인다. 좌우 또는 상하로 짧게 왕복하며 닦으면 손에 힘이 들어가기 쉬워 이물질뿐만 아니라 미트에 의한 미세 흠집이 생길 수 있다. 아래에서 위쪽으로는 닦지 않는데, 대체로 아래쪽이 위쪽보다 더러운 편이므로 밑에서부터 닦아 올라오면 심한 흠집이 나기 쉽다.

❸ **가볍게 여러 번 움직이는 편이 더 안전하다.**

미트질을 하다 보면 잘 지워지지 않는 얼룩이 있다. 잘 지워지지 않는다고 세게 문지르면 흠집이 생길 가능성이 높아진다. 가볍게 여러 번 문질러 지워보고 그래도 지워지지 않는다면 세차 후 따로 지우는 편이 낫다. 세차 후에도 남는 얼룩을 제거하는 법은 〈페인트 클리닝〉 편(82쪽)에서 다루겠다.

❹ **미트는 자주 헹굴수록 좋다.**

한 패널을 다 닦을 때마다 헹궈도 좋지만 반 패널마다 또는 이보다 더 자주 헹궈도 좋다. 미트를 자주 헹굴수록 샴푸액을 많이 쓰게 되니 차 전체를 닦기 전에 샴푸액이 떨어지지 않도록 유의하자.

수평 패널 미트질

보닛은 앞유리 쪽에서 그릴 방향으로 닦아준다. 그릴 앞까지 이동한 미트는 들어 올려 다시 앞유리 쪽으로 옮긴다. 이때 미트의 깨끗한 면으로 돌려 방금 지나간 곳과 절반 정도 겹치게 그릴 방향으로 닦아준다. 차가 더러운 상태라면 이 시점에서 미트를 헹궈도 좋다. 많이 더럽지 않다면 한두 줄 더 닦고 미트를 헹굴 수도 있다. 수평 패널을 닦을 때는 미트에 손을 넣지 않는 편이 가볍게 잡아끌며 닦기 편리하다.

루프 패널은 네 부분으로 나누어 닦고, 각 영역이 끝날 때마다 미트를 헹군다. 미트질 방향은 루프의 중앙에서 앞유리 방향, 중앙에서 뒷유리 방향이다. 운전석 쪽의 루프를 마치면 조수석 쪽의 루프도 같은 방법으로 닦는다.

트렁크리드는 뒷유리 쪽에서 트렁크 손잡이 쪽 방향으로 닦는다. 트렁크리드의 세로 길이가 짧다면, 루프에서와 같이 트렁크의 중앙을 기준으로 왼편, 오른편으로 나누어 닦아도 된다. 트렁크리드는 면적이 좁기 때문에 절반 정도 닦았을 때 미트를 헹궈도 무방하다. 물론 미트는 자주 헹굴수록 좋다.

루프 영역을 반으로 나눈다

중앙에서 보닛 방향으로 문지른다

중앙에서 트렁크 방향으로 문지른다

수직 패널 미트질

수평 패널을 닦을 때는 미트의 무게가 그대로 도장면에 전달되어 미트를 누르지 않아도 미트와 도장면과의 밀착력이 좋은 편이다. 이에 반해 도어, 펜더 등의 수직 패널은 미트를 누르지 않으면 도장면과의 밀착력이 떨어져 자기도 모르게 미트에 힘을 실어 닦게 된다. 수직 패널의 미트질 방향은 수평, 수직 모두 가능하다. 다만 한 방향으로의 일관성을 유지하는 것이 좋으며, 어느 방향이든 미트를 덜 누르며 밀착력을 유지하기 좋은 쪽을 선택하면 된다.

장갑 형태의 미트라면 손을 넣고 닦는 편이 힘을 덜 주며 닦기 편하다. 스펀지 패드는 미트나 패드에 비해 수직면에 대한 밀착력이 더욱 떨어져 그만큼 더 힘을 주게 되니 주의해야 한다.

디테일을 살리는 세차

구석지고 눈에 잘 안 보이는 부분을 닦을 때야말로 세차의 묘미를 느낄 수 있다. 이런 부분들은 세차 후 따로 세척할 수도 있지만 미트질 시 함께 닦아주면 한결 수월하다. 도어 힌지, 도어 하단 배수구, 로커패널, 주유구 뚜껑 주변 등 물이 흐를 수 있는 곳이라면 어

도어힌지 닦기

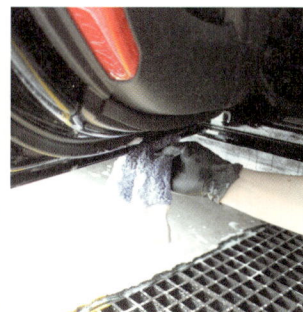
도어 하단 닦기

주유구 뚜껑 주변 닦기

사이드스텝 닦기

로커패널 닦기

디든 닦아도 괜찮다. 고압수로 헹굴 때 저절로 샴푸액이 씻겨 나가기 때문이다.
도어힌지, 도어 하단 배수구, 주유구 뚜껑 주변은 막대 브러시에 샴푸액을 묻혀 가볍게 문질러주는 것만으로도 깨끗해진다. 도어 하단 배수구가 막히면 도어 안쪽으로 물이 고이게 되므로 주기적으로 세척해 주는 것이 좋다.
사이드스텝, 로커패널 등은 하부용 미트로 닦는다. 하부용 미트가 따로 없으면, 맨 마지막에 이곳을 닦으면 된다.

미트 헹굼법

오염 정도에 따라 미트 헹굼 횟수를 조절할 수 있다. 차가 많이 더러운 상태라면 한 패널을 닦더라도 두세 번 헹궈가며 닦아야 하고, 차가 그리 더럽지 않다면 한 패널을 다 닦고 나서 헹궈도 된다. 마이크로화이버 재질의 미트는 그릿가드 표면에 비비거나 양손으로 비벼 이물질을 제거하고, 양모 재질의 미트는 비비면 이물질이 더 깊숙이 파고들 수 있으므로 물속에서 털이 곧게 펴지도록 좌우로 흔들거나 손으로 쓸어 이물질이 떨어지게 하는 것이 좋다. 헹군 다음에는 미트 표면에 이물질이 묻어 있지 않은지 확인하고, 미트를 살짝 비틀어 짜준 후 샴푸용 버킷에 담가 샴푸액을 머금게 해 다시 미트질한다.

1 미트 헹구기

2 미트 표면 확인하기

3 물기 짜기

4 샴푸액 적시기

1단계 외부 세차

STEP 1
실전 세차

고압수 예비 세차 ⇨ 샴푸 미트 세차 ⇨ **휠하우스·타이어·휠 세척** ⇨ 고압수 헹굼 세차

휠하우스 세척

땅으로부터 온갖 오염 물질이 튀는 곳이 바로 휠하우스다. 휠하우스 커버가 휠하우스 내부를 충분히 보호하고 있고, 휠하우스 패널의 방청 처리가 제대로 되어 있다면 오염이 크게 문제 되지 않는다. 그러나 방청 처리가 불완전하고, 내부에 오염 물질이 장기간 방치될 경우 녹이 발생할 위험이 높아진다. 오염 물질은 수분을 흡수할 뿐만 아니라 수분의 증발을 더디게 해 패널이 수분에 장기간 노출된다. 특히 겨울철 제설제로 쓰이는 염화칼슘, 염화마그네슘 등이 깔린 도로를 주행하면 눈과 함께 녹은 제설제가 휠하우스 내부로 구석구석 튀므로 세차 시 휠하우스 커버뿐만 아니라 손이 닿는 부위는 꼼꼼히

1 휠하우스 커버 표면 닦기

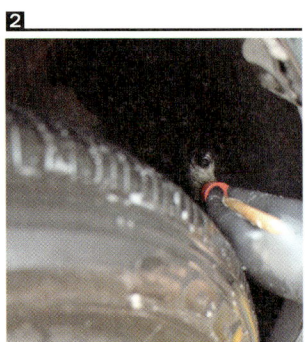

2 휠하우스 커버 볼트 닦기

3 휠하우스 패널 안쪽 닦기

닦아야 하나 실제로는 세차에서 빠지거나 휠하우스 커버만을 닦는 선에서 그치는 경우가 많다.

휠하우스 커버 세척 시 도구로는 미트, 스펀지, 브러시 모두 사용 가능하며 자신의 취향에 따라 선택해 닦아주면 된다. 볼트 부분은 막대 브러시로 닦고, 휠하우스 패널 끝 부분이 안쪽으로 접혀 있다면 접힌 부분을 스펀지 등으로 닦아낸다. 요령보다는 꼼꼼함이 중요하다.

타이어 세척

고무 제품에는 오존에 의한 노화를 막기 위해 오존분해방지제(antiozonant)가 첨가되는데 대표적인 제품이 바로 타이어다. 오존분해방지제는 고무 전체에 녹아 있다가 타이어가 구르면서 아주 천천히 그리고 끊임없이 타이어 표면으로 배어 나온다. 그 오존분해방지제가 공기 중의 오존과 반응할 때 타이어 표면은 탁한 회색 또는 갈색으로 변하게 된다. 이것을 타이어 '갈변 현상'이라고 하는데, 분명 눈에 거슬리는 현상이기는 하지만 오존분해방지제가 제 역할을 충실히 하고 있다는 증거이기도 하다. 이 갈변 현상의 정도는 타이어에 쓰인 고분자 화합물, 오존분해방지제의 종류와 함량에 따라 다르기에 오너들마다 갈변 현상을 느끼는 정도는 제각각일 수밖에 없다.

유사 갈변 현상도 있다. 실리콘오일 함량이 높은 끈적한 타이어 코팅제를 발라놓으면 타이어 표면에 이물질이 잘 달라붙어 타이어 표면이 쉬이 더러워지는데, 이 표면이 갈변 현상과 비슷해 보인다. 이때 세정력이 강한 세척제로 타이어를 닦으면 일시적으로 타이어가 더 깨끗해 보여도 타이어 표면을 더욱 건조하게 만들어 타이어의 노화를 가속시킬 수 있다.

진짜 갈변 현상이든 유사 갈변 현상이든 세척법은 같다. 세차 때마다 탄성 좋은 브러시나 구둣솔에 카샴푸 희석액을 묻혀 솔질해 주는 것으로 충분하다. 타이어를 세척하지 않고 세차 후 타이어 광택제만 바르면 단기적으

트레드
사이드월
숄더

로 효과는 있지만 광택제가 마르면 타이어 색이 다시 탁하게 변한다.

타이어를 닦을 때는 타이어의 옆면인 사이드월, 지면과 닿는 트레드와 사이드월이 만나는 숄더를 중점적으로 문질러준다. 카샴푸 희석액으론 부족하다 싶으면 타이어 전용 세척제 또는 알칼리성 휠 클리너를 뿌려서 닦는다. 카샴푸 희석액 이외의 세정제는 꼭 필요한 경우에만 쓰는 것이 좋다.

휠 세척

휠 세척 시 휠의 온도에 주의해야 한다. 휠과 브레이크 디스크(로터)가 뜨거운 상태에서 차가운 물이 닿으면, 급격한 온도 차이로 열 충격이 발생해 휠과 브레이크 디스크에 변형이 생길 수 있기 때문이다. 특히 휠보다 브레이크 디스크의 온도가 훨씬 더 높기에 브레이크 디스크가 변형될 위험이 더 크다. 또한 뜨거운 휠에 휠 클리너를 뿌리면 휠 클리너의 반응력이 강해져 휠 표면에 심각한 부식 자국을 남길 수 있다. 따라서 세차장에 도착했을 때 브레이크 디스크가 뜨거운 상태라면 미지근해질 때까지 기다리거나 실내를 먼저 청소한 후 세차하는 것이 바람직하다. 세차장 가는 길에는 되도록이면 급감속을 하지 않고 여유 있게 운전하는 것이 기다리는 시간을 줄일 수 있는 방법이기도 하다.

휠의 재질을 막론하고 가장 안전한 휠 세척 방법은 카샴푸 희석액과 워시 미트, 스펀지, 브러시 등을 이용해서 부드럽게 닦아주는 것이다. 휠을 고압수로 세척하고 카샴푸 희석액으로 닦은 다음 그래도 지워지지 않는 오염이 있다면 그때 휠 클리너를 써야 휠에도 안전하고, 휠 클리너도 아낄 수 있다.

STEP 1
실전 세차

고압수 예비 세차 ⇨ 샴푸 미트 세차 ⇨ 휠하우스·타이어·휠 세척 ⇨ **고압수 헹굼 세차**

고압수 예비 세차 때와 같은 패턴으로 차를 세 바퀴 돌며 헹군다. 고압수 예비 세차의 목적이 도장면의 이물질을 제거하고 도장면에 남은 미세 이물질들을 한 방향으로 모아 안전하게 미트질하기 위해서라면, 고압수 헹굼 세차는 샴푸액과 이물질들을 남김없이 흘려보내 더욱 안전하게 물기를 제거하기 위해서다. 예비 세차 때보다 총구를 도장면에서 약간 더 떨어뜨리고 비스듬하게 기울여 한 방향으로 샴푸액을 몰아가며 뿌리는 것이 효과적이다. 루프와 유리창을 중심으로 한 바퀴, 휠하우스·타이어·휠과 바디패널에 뿌리며 한 바퀴, 바디패널만을 뿌리며 한 바퀴 돈다. 틈새의 거품을 제거하는 데 집중하다 보면 시간 배분에 실패할 수 있으니, 틈새 거품은 두 번째 바퀴 때 적당히 고압수를 뿌려 저절로 흘러내릴 수 있는 시간을 주고 세 번째 바퀴에서 마무리하는 게 좋다.

헹굼 세차

STEP 1
물기 제거

물기 제거의 핵심은 빠짐없이 깨끗하고 안전하게 물기를 닦아내는 것이다. 물이 고여 있을 만한 곳을 놓치지 않고 닦아야 혹시 모를 녹 발생의 위험을 줄일 수 있고, 도장면의 물방울이 마르기 전에 닦아야 물때가 생기는 것을 막을 수 있으며, 물기 제거에 알맞은 타월로 닦아야 흠집 없이 물기를 제거할 수 있다.

물기 제거 타월

집에서 쓰는 타월은 올이 뻣뻣해 도장면에 흠집을 내기 쉬우므로 자동차 물기 제거용 타월을 쓰는 것이 좋다. 물기 제거용 타월은 와플 모양으로 짜인 와플형 타월과 올이 고리 형태로 꼬여 있는 트위스트형 타월로 크게 구분된다. 물기 흡수 면에서는 트위스트형 타월이 좀 더 낫고, 내구성 면에서는 와플형 타월이 좀 더 낫다. 굳이 추천을 하자면, 내구성은 조금 떨어질지언정 물기 흡수가 잘되는 트위스트형 타월을 추천한다.

와플형 타월

트위스트형 타월

물기 제거 순서

도장면, 유리, 패널과 패널 사이 틈새, 휠, 타이어 순서로 물기를 닦는다. 도장면은 물기가 빨리 마를 만한 패널부터 닦는다. 수평 패널이자 엔진의 열기가 그대로 전달되는 보닛을 가장 먼저, 루프와 트렁크리드는 그다음에, 펜더, 도어 등의 수직 패널은 마지막에 닦는다.

물기 제거에 순서를 매기는 이유는, 타월로 닦기 전에 물기가 자연 증발로 말라버리면 도장면에 물때 자국을 남길 수 있기 때문이다. 햇빛을 받거나 엔진 열로 도장면이 뜨거운 상태에서 자연 증발되면 불순물들이 도장면에 좀 더 단단히 붙기도 한다. 이런 이유로 그늘에서 물기를 닦아야 하고, 되도록이면 한낮보다는 이른 아침에서 오전 사이 또는 늦은 오후나 저녁에 세차장을 찾는 것이 좋다. 세차장 물이 지하수일 경우 물때 자국은 더 빨리 생기고 진하게 남는다. 세차 후 물때 자국이 유독 심하다면 세차장 물을 확인해 보자.

물기 제거법

타월에 힘을 줘 이리저리 움직이며 물기를 닦는 것은 도장면에 안전한 방법이 아니다. 가능하면 타월의 흡수력만으로 물기를 제거하자.

수평 패널(보닛, 루프, 트렁크리드 수평면 등)

수평 패널은 타월로 덮고 당기는 방식으로 물기를 제거하면 도장면에 안전하다. 타월을 도장면에 넓게 펼친 후 물기가 스며들도록 잠깐 기다린다. 도장면에 굴곡이 있으면 타월이 제대로 닿지 않아 물기가 스며들지 않는 부분이 생기므로 굴곡진 부분은 지그시 눌러주면 더욱 좋다. 이때 누르기만 하고 문지르지 않는다.

타월이 패널 전체를 덮지 못하는 경우 타월 아랫부분을 천천히 잡아당겨 나머지 부분을 덮고 물기가 흡수되도록 잠깐 기다린다. 타월 흡수력이 좋으면 타월을 빠르게 잡아당겨도 물기가 잘 제거되나 흡수력이 떨어지는 타월이라면 조금 더 기다린 후 천천히 잡아당겨 부족한 흡수력을 만회한다. 신속한 동작보다는 부드럽고 여유 있는 동작이 차에는

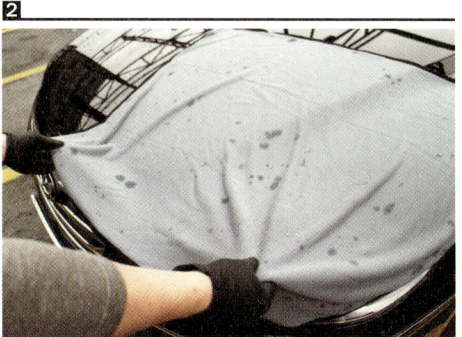

타월을 넓게 펼친 후 물기가 흡수되도록 대기   타월 천천히 잡아당기기

더 안전하다. 타월을 끝까지 잡아당겼을 때 도장면에 잔물기가 남았다면 다시 한 번 타월을 덮어 가볍게 눌러주거나, 그대로 두었다가 나중에 부드러운 타월과 물왁스로 한꺼번에 닦는 방법도 있다. 물기 제거 타월로 얼룩까지 닦으려 하지 않는 편이 좋다.

수직 패널(펜더, 도어, 트렁크리드 수직면 등)

타월을 한 손으로 문지르기 적당한 크기로 접어 손의 압력이 분산되도록 손바닥을 쭉 편 상태에서 타월을 움직인다. 타월을 좌우로 문질러 닦지 않고 한 방향으로 천천히 움직인다. 타월을 길쭉하게 접어 양손으로 타월 양 끝을 잡고 한 방향으로 가볍게 훑는 방법도 있다.

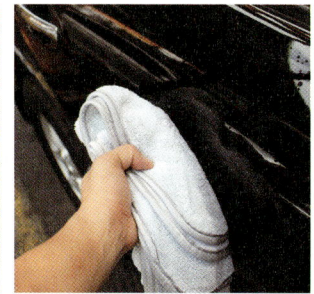

한 손으로 타월을 문지르는 방법   양손으로 타월을 문지르는 방법   타월로 도장면을 눌러가며 물기를 흡수하는 방법

타월을 움켜쥐기 적당한 정도로 접어 한 손으로 타월을 모아 쥔 다음 물기에 대고 지그시 눌러주며 물기를 흡수하는 방법도 가능하다. 닦는 면이 많이 젖으면 타월을 고쳐 쥔다. 타월을 도장면에 스치게 해 물기를 닦는 방법보다는 시간이 더 걸리기는 하나 타월이 도장면에 스치면서 생길 수 있는 상처로부터 안전하다는 장점이 있다. 재도색한 검은색 차라면 마지막 방법을 추천한다.

유리

보통은, 도장면의 물기를 닦은 후 유리를 닦지만 물기 제거용 타월이 마른 상태에서 물기를 잘 흡수하지 못할 경우에는 유리의 물기를 먼저 닦고 도장면의 물기를 닦기도 한다. 유리 닦기에 효과적인 전용 타월이 따로 있기는 하나 물기 제거 단계에서는 도장면에 사용한 타월로 유리의 물기를 닦으면 된다.

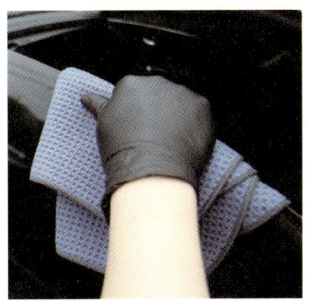

유리의 위쪽 끝부분 닦기

유리의 바깥쪽 물기를 모두 제거한 후에는 도어 네 개의 유리를 5~10cm 내려 유리의 위쪽 안팎을 닦아준다. 더욱 깔끔한 마무리를 위해서는 유리 전용 타월과 유리 세정제를 함께 사용하는 게 좋으며, 물에 적신 세차용 융을 꽉 짜서 닦은 후 마른 타월로 마무리하면 세정제 없이도 깨끗하게 마무리할 수 있다.

숨은 물기 제거

물기가 고여 있거나 주행 중 밖으로 흘러나와 도장면에 물때를 남길 만한 곳의 물기를 찾아서 제거한다. 보닛, 도어, 주유구 뚜껑, 트렁크리드 등을 모두 열어 꼼꼼히 물기를 닦아낸다. 도어힌지, 도어 안쪽 가장자리, 도어 아래쪽의 고무 몰딩 틈새, 엔진룸 가장자리, 트렁크리드 가장자리, 주유구 뚜껑 안쪽은 세차 후 늘 물기가 고이는 부분이다. 물기가 좁은 틈새로 끊임없이 배어 나오는 곳에는 종이타월을 끼워두면 효과가 좋다.

도어 안쪽 가장자리

엔진룸 가장자리

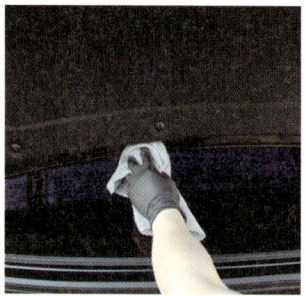
트렁크리드 가장자리

휠하우스 패널 안쪽

주유구 뚜껑 안쪽

종이타월 끼워두기

TIP. 세차용 타월 세탁 시 주의 사항

손빨래가 좋지만 세차로 지쳤다면 세탁기를 이용하는 것도 나쁘지 않다. 다만, 몇 가지 주의 사항만 기억하자.

❶ 60도 이상의 뜨거운 물에 삶아 빨거나 60도 이상의 더운 공기로 말리지 않는다. 과도한 열은 마이크로화이버의 수명을 단축시키므로 가능하면 그늘에서 말리는 게 좋다.

❷ 마이크로화이버 타월과 다른 종류의 타월과는 같이 세탁하지 않는다.

❸ 가루 세제는 피하고, 빨랫비누나 액체 세제를 사용한다. 가루 세제는 분해되지 않은 알갱이가 올 사이에 껴 타월의 성능을 떨어뜨릴 수 있다. 마이크로화이버 타월 전용 세제를 쓰면 세탁에 의한 타월 손상이 덜해 수명이 길어진다고 한다.

❹ 헹굴 때 섬유 유연제를 넣지 않는다. 섬유 유연제는 타월의 물기 흡수력을 떨어뜨린다. 대신 식초나 구연산을 넣고 헹구면 섬유 유연 효과와 더불어 정전기 예방에도 도움이 된다.

STEP 1
세차 옵션

스노우폼

스노우폼(snow foam)은 안전한 세차를 위해 차체를 거품으로 뒤덮는 일종의 애벌 세차이다. 거품이 차체에서 머무는 동안 도장 표면의 이물질들이 물러져 고압수로 헹궜을 때 거품과 함께 흘러 떨어지는 효과를 노린다. 스노우폼은 미트질을 하기 전 가능한 한 많은 이물질들을 도장 표면에서 제거함으로써 미트질에서 생길 수 있는 흠집들을 최소화할 수 있다는 장점이 있다.

그러나 스노우폼에 너무 큰 기대를 해서는 곤란하다. 새하얀 거품으로 뒤덮인 차를 보면 차가 정말 깨끗해질 것 같지만 고압수로 헹궈보면 더러운 자국들이 그대로 있는 경우가 빈번하다. 오염의 정도에 따라, 오염된 기간에 따라, 스노우폼에 쓰인 샴푸에 따라 사용자마다 다양한 경험을 하게 된다. 이물질들이 비록 그대로 남아 있을지언정 미트질이 좀 더 수월해질 여지는 있으므로 안전한 세차를 위한 옵션으로는 의미가 있다.

단, 스노우폼의 클리닝 효과를 높이기 위해 세정력이 강한 제품들을 쓰는 것엔 주의해야 한다. 거품보다는 세정력에 주안점을 둔 프리워시(pre-wash) 제품도 마찬가지이다. 세정력이 강한 만큼 도장, 고무 몰딩, 플라스틱 트림 등에는 좋지 않은 영향을 줄 수 있으므로 세정력

이 강한 제품은 꼭 필요한 경우에만 쓰고 오염이 심하지 않을 때는 생략하거나 가급적 순한 제품을 쓰길 권한다.

철분 제거제

도장 표면의 철분을 제거하는 방법은, 클레이바를 이용하여 철분을 물리적으로 떼어내는 방법과 티오글리콜산나트륨(sodium thioglycolate)을 주성분으로 한 액상의 철분 제거제를 이용하여 철분을 화학적으로 제거하는 방법이 있다. 클레이바를 쓰면 철분뿐만 아니라 도장 표면에 단단히 부착되어 있는 크고 작은 이물질들을 빠르게 제거할 수 있지만, 클레이바를 도장면에 문지르는 과정에서 미세한 흠집을 만들어낼 수 있는 약간의 위험이 따른다. 그에 반해 액상의 철분 제거제는 도장면과의 물리적인 마찰이 없어 도장면에 흠집을 만들어낼 일은 없지만 철분 이외의 이물질에 대해서는 효과가 없고 한 번에 제거할 수 있는 철분의 양이 많지 않다는 단점이 있다.

철분 제거제의 효과가 크든 적든 도장 클리닝의 옵션으로는 유의미하다. 철분 오염이 적은 경우에는 철분 제거제만으로 효과를 볼 수 있고, 철분 오염이 심한 경우라도 철분 제거제로 먼저 클리닝을 해놓으면 이후 클레이바 작업이 수월해질 것이기 때문이다.

철분 제거제를 쓴다면 고압수 예비 세차 전에 철분 제거제를 뿌려놓고 1~2분 정도 기다린 후 고압수로 헹구고 샴푸 희석액으로 미트질하는 게 일반적인 순서이지만 상황에 따라 철분 제거제를 쓰는 순서는 바꿀 수도 있다. 도장면이 뜨거운 상태에서는 철분 제거제 사용을 피하고, 철분 제거제가 완전히 마르기 전에 충분히 헹궈내야 한다.

세차 옵션의 필요성

안전함을 앞세워 세차 옵션들이 계속해서 생겨나고 있고, 일각에서는 그것을 쓰지 않으면 차에 문제라도 생길 것처럼 유난을 떨기도 하지만 지금껏 10년 넘게 스노우폼이나 프리워시 제품, 철분 제거제를 일상적으로 쓰지 않고도 별다른 불만 없이 세차를 해왔다. 물론 그런 제품들이 분명 도움이 되는 순간도 있었지만 그 옵션들이 일상화된 세차 필수품으로 자리 잡는 것에 대해서는 회의적이다.

스스로 만든 세차 옵션이 있다면, 비를 맞고 오랜만에 세차를 하는 경우 워터스팟을 좀 더 쉽게 제거하기 위해 고압수 사용 후 샴푸 희석액으로 미트질하기 전 식초와 물을 1:1로 만든 식초 희석액을 뿌려놓는 정도이다.

Q & A

세차를 해도 남아 있는 이물질이나 얼룩은 어떻게 제거해야 하나?

● 워터스팟

워터스팟(waterspot)이란 도장 표면의 물방울이 마르면서 물에 있던 불순물이 침적된, 물방울 모양의 자국을 말한다. 오래 방치되면 도장 표면에 강하게 흡착되어 세차만으로는 제거하기 어려워진다. 특히 도장면이 더러운 상태에서 비를 맞으면 흡착이 더욱 심해지고 오랜 시간에 걸쳐 도장 표면을 부식시키기도 한다. 이런 경우 불순물을 제거해도 미세하게 파인 자국이 남는다.

가장 간단한 제거 방법은, 퀵디테일러*를 넉넉히 뿌리고 타월로 가볍게 반복해 닦아보는 것이다. 단순히 불순물이 말라붙은 워터스팟이라면 대부분 이 방법으로 제거할 수 있다. 한 번에 제거되지 않으면 두세 번 더 반복해 뿌리고 닦는다. 도장면이 뜨거운 상태에서 퀵디테일러를 뿌리면 퀵디테일러 성분이 도장면에 흡착되어 얼룩을 남길 수 있으니 도장면 온도를 꼭 확인하자.

퀵디테일러로 어느 정도 효과는 봤지만 워터스팟이 완전히 제거되지 않았다면 미네랄 같은 무기물 오염에 효과가 좋은 산성 클리너를 사용해 볼 수 있다. 식초와 물을 1:1로 섞거나 구연산 등을 물에 녹여 클리너로 사용할 수 있다. 뿌리고 바로 닦기보다는 물질 간에 반응할 수 있도록 1~2분간 기다렸다 닦아준다. 식초 희석액으로 효과가 없다면 워터스팟 리무버 제품이나 페인트 클리너*로 문질러봐야 한다. 페인트 클리너에 대해서는 〈페인트 클리닝: 페인트 클렌저〉 편(93쪽)에서 자세히 다루겠다.

타르

묻은 지 얼마 되지 않은 타르는 타르 제거제를 뿌리면 금방 녹아내려 타월로 쉽게 제거할 수 있다. 반면 오래된 타르는 타르 제거제를 한두 번 뿌려서는 별 반응이 없다. 그럴 땐 타르 제거제를 넉넉히 뿌리고 20~30초간 기다렸다가 타월로 가볍게 반복해 문지른다. 재빨리 제거하고 싶어 세게 문질러 닦으면 타르보다 더 심한 흠집이 생길 수 있으니 인내심을 갖고 부드럽게 닦는 것이 좋다.

타르 제거제에는 용해성이 강한 석유계 용제가 포함된 제품이 많아 재도색한 패널에는 주의를 요한다. 잘 보이지 않는 패널의 한쪽 귀퉁이에 뿌려보고 이상이 없는지 확인한 후 사용하는 게 안전하다. 타르 제거제 사용 후에는 타르가 지워진 부위를 퀵디테일러로 닦으면 되고, 샴푸 세차 중에 타르를 제거했다면 샴푸액을 머금은 미트로 가볍게 닦아주면 된다. 타르 제거제는 타르뿐만 아니라 왁스까지도 녹여버리므로 해당 부위만이라도 왁스를 새로 발라주자.

• 퀵디테일러(quick detailer)

빠른 시간 안에 도장의 광택을 더욱 빛나게 하고, 도장 표면의 먼지와 얼룩 등을 손쉽게 제거할 수 있게 만드는 액상의 스프레이를 말한다. 광택 향상과 세정을 목적으로 사용되며, 흔히 물왁스라고도 한다. 제품에 따라서 광택에 더 비중을 두거나 세정에 더 비중을 두기도 한다.

• 페인트 클리너(paint cleaner)

세차나 퀵디테일러로 제거되지 않는 얼룩이나 물때, 뿌옇게 산화된 도장 표면, 오래된 왁스층, 미세한 스월마크 등 페인트 색상과 광택이 드러나는 데 방해가 되는 요소들을 제거할 수 있는 약제를 말한다. 제조사마다 페인트 클리너, 페인트 클렌저, 클렌징 로션 등 이름이 조금씩 다르나 제품 설명서상의 사용 목적은 거의 같다.

세차 후 2% 부족함이
느껴진다면?

세차 후 차는 분명 깨끗해졌는데 왠지 모를 부족함이 느껴질 때가 있다. 왁스를 막 바르고 난 후의 그 매끄러운 감촉과 반짝임이 아쉬운 것이다. 카샴푸가 왁스층을 벗겨내지 않는다고 하더라도 왁스층 표면의 감촉과 반짝임까지 온전히 보존하기는 어렵다. 그래서 세차 때마다 왁스를 바르는 사람들도 적지 않지만 매번 왁스를 바르는 건 누구에게든 녹록지 않은 일이다. 이럴 때 퀵디테일러는 이제 막 왁스를 바른 듯한 느낌을 주는 광택 부스터 같은 존재다. 퀵디테일러는 뿌리고 바로 닦아내기 때문에 빠르게 작업할 수 있고, 타월로 닦아내는 순간 표면이 매끈해지며 광택이 살아난다. 어떤 제품은 매끄럽긴 하지만 미끌거리지는 않는 반면 파리가 앉기 어려울 정도로 미끌거리는 제품도 있다. 어떤 제품은 단정하고 차분한 광택을 만들어내는 반면 번지르르한 광택을 만들어내는 것도 있다.

물기를 제거하고 났을 때 어떤 부족함이 느껴지지 않는다면 퀵디테일러는 생략해도 그만이다. 퀵디테일러는 도장을 보호할 수 있는 의미 있는 보호막을 만드는 것은 아니기 때문에 퀵디테일러를 사용하지 않았다고 해서 문제가 될 것은 없다.

Q & A

휠과 타이어 광택은 어떻게 하면 될까?

세차의 끝은 휠과 타이어 광택에 있다고 해도 과언이 아니다. 특히 타이어는 측면 비주얼에서 차지하는 비중이 매우 크기 때문에 세차 후 타이어 광택제를 바르는 게 당연한 일로 여겨지기도 한다. 타이어 광택제를 바르기로 했다면 타이어가 건조된 상태에서 발라야 효과적이다. 약간의 물기가 남아 있는 정도라면 그냥 발라도 괜찮지만 물이 흥건한 상태라면 타월로 물기를 닦은 후 타이어 광택제를 바르는 게 좋다. 휠은 축축한 타월로 물기를 닦되 휠 세정 시 놓친 곳이 있는지 살핀다.

유성 타이어 코팅제는 점도가 높아 스펀지로 바르는 것이 편하고, 수성 타이어 코팅제는 스펀지나 브러시 등 어느 것으로 발라도 괜찮다.

점도가 높고 투명한 유성 타이어 코팅제는 지속성이 좋고 광택 효과가 뛰어난 반면 이물질이 잘 달라붙고, 과하게 바르면 주행 시 광택제가 차체에 튀므로 얇게 펴 바른다.

점도가 낮고 불투명한 수성 타이어 코팅제는 유성 광택제에 비해 지속성은 떨어지는 편이나 때가 덜 타고 바르기 쉬워 유성 코팅제보다 선호도가 높다. GM, 닛산 자동차는 오너 매뉴얼에서 타이어 코팅제 자체를 권장하지 않으나 코팅제를 발라야 한다면 수성 코팅제를 바르도록 안내하고 있다.

유성 타이어 코팅제

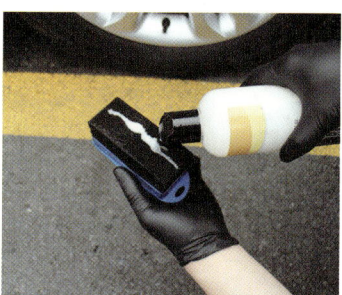
수성 타이어 코팅제

STEP 2
실내 세차

진공 청소
클리닝
드레싱

실내 세차의 프로세스는 진공 청소, 클리닝, 드레싱 순서로 진행된다. 진공 청소는 흙, 모래, 먼지 등을 안전하게 제거하기 위한 것으로, 만약 이런 이물질들이 시트 표면이나 매트와 장기간 마찰하면 표면이 쓸려 손상되고 탄력이 감소하게 된다. 클리닝은 진공 청소만으로 제거되지 않는 재질 표면의 때나 얼룩 등을 제거하는 과정이며, 때나 얼룩이 없는 경우에는 클리닝 과정을 생략하고 진공 청소 후 바로 드레싱을 해도 무방하다. 드레싱은 재질 표면을 보호하고 재질을 더욱 깨끗하고 고급스럽게 보이도록 표면에 보호제를 바르는 것을 말한다. 이제 실내 세차의 세 가지 작업을 자세히 살펴보자.

STEP 2
진공 청소

모래, 흙, 먼지는 타월로 문질러 제거하는 것보다는 가능하면 진공청소기로 빨아들인다. 특히 시트 표면은 이물질이 껴 있는 상태에서 브러시나 타월로 문지르면 표면이 쉽게 손상될 수 있기 때문에 먼저 진공청소기로 이물질을 제거하는 것이 바람직하다.

꼼꼼하고 여유 있는 진공 청소를 위해서 차량용 진공청소기를 구비하면 좋지만 약간의 요령을 부리면 셀프 세차장에 설치된 진공청소기를 써도 꼼꼼히 청소할 수 있다. 차량용 진공청소기를 구입할 계획이라면, 틈새 노즐이 포함된 제품을 고르자.

차량용 진공청소기

진공 청소에 들어가기 전에, 우선 실내의 큰 쓰레기들부터 치운다. 발밑, 콘솔 주변, 도어트림 포켓에 있는 쓰레기들을 치우는 것만으로도 내부는 한결 깨끗해진다. 그다음으로 발 매트를 꺼내놓고 앞좌석을 앞쪽으로 최대한 밀어놓으면, 뒷공간에 여유가 생겨 카펫과 시트 청소가 수월해진다. 앞좌석 공간을 먼저 청소하든지, 뒷좌석을 먼저 하든지 상관없으나 여기서는 뒷좌석 공간부터 청소하는 순서로 소개했다.

뒷좌석 진공 청소(뒤편의 데크, 시트, 바닥 카펫 순서로 진행)

외부 세차 시 고압수를 위에서 아래로 뿌리듯 진공 청소 역시 윗부분을 먼저, 아랫부분을 나중에 한다.

뒷데크 진공 청소

❶ 뒷데크는 먼지가 많이 모이는 공간이다. 유리와 데크가 만나는 좁은 틈새의 먼지는 틈새 노즐을 끼워 빨아들인다.

❷ 시트는 틈새 노즐을 끼워 손으로 주름진 곳과 이음새 등을 펴주면서 진공 청소를 하는 게 포인트다. 등받이와 시트가 맞닿는 틈새 역시 이물질이 많이 끼는 곳이므로 빠뜨리지 않고 빨아들인다. 진공청소기의 틈새 노즐은 시트의 양쪽 틈새를 빨아들이는 데 특히 유용하다.

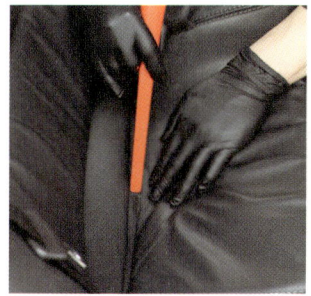
시트 주름 사이

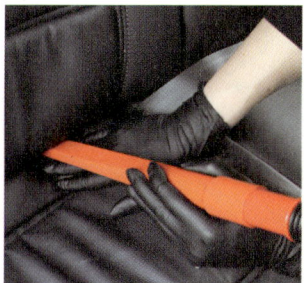
등받이와 시트 사이

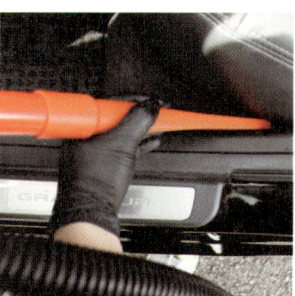
시트 틈새

❸ 카펫은 대체로 발 매트에 의해 보호되는 편이나 카펫의 가장자리는 흙, 모래가 잘 모인다. 이곳에 모인 흙, 모래는 진공청소기로도 잘 빨리지 않으므로 진공 청소 전에 브러시로 솔질하여 안쪽으로 모아두거나 진공청소기 노즐을 따라 솔질을 하며 진공청소기로 빨아들이면 한결 편하다. 카펫은 모에 약간 힘이 있는 브러시로 문지르는 것이 좋고, 아주 좁은 부위를 솔질할 때는 칫솔을 쓴다. 시트 아래의 구석진

브러시로 이물질 떼어내기

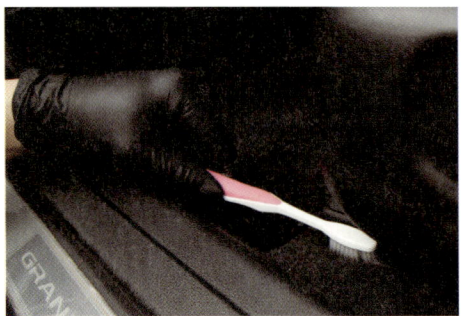
칫솔로 좁은 곳의 이물질 끌어모으기

곳, 콘솔 주변, 도어에 인접한 카펫은 쉽게 지나칠 수 있으니 빠뜨리지 않고 꼼꼼히 청소한다.

카펫은 섬유 구조상 자잘한 모래알이 파고들어 진공청소기로 빨아들이기 어려울 수 있다. 눈에 보이는 흙, 모래를 빨아들인 후 손바닥으로 카펫을 탕탕 쳐서 숨어 있던 흙, 모래 들이 위로 튀어 오르게 해 진공청소기로 빨아들인다. 손바닥으로 쳐도 떨어지지 않는 흙, 모래는 브러시로 솔질하면 좀 더 쉽게 진공청소기로 빨아들일 수 있다.

앞좌석 진공 청소(시트, 콘솔 주변, 바닥 카펫 순서로 진행)

앞좌석을 뒤로 최대한 밀어놓고 시작하며, 뒷좌석 진공 청소 때와 요령은 같다. 대시보드도 진공 청소가 가능하지만 대부분 가벼운 먼지 수준이어서 진공청소기를 이용하기보다는 물에 적신 타월로 닦아내는 편이 더 쉽고 간편하다. 대시보드의 조작 버튼들 틈 사이에 먼지가 많이 끼어 있다면 부드러운 브러시나 진공청소기 등으로 먼저 제거해 놓고 타월로 닦아내야 깔끔해진다.

진공청소기로 빨아들이기

브러시로 먼지 제거하기

틈새 진공 청소

발 매트 진공 청소

순정 매트로 많이 쓰이는 카펫식 직물 매트는 아무리 털어도 털 때마다 흙먼지가 날린다. 매트를 막대기로 마음껏 두드려 털 수 있는 장소 또한 흔치 않으니 진공청소기로 최대한 꼼꼼히 빨아들이자. 신발에 자주 눌린 자리는 직물이 누워 있으니 브러시를 직선 방향으로 왕복하며 솔질해 다시 일어서도록 한다. 세차장에 비치된 진공청소기를 사용하는 경우에는 진공 청소 전에 브러시로 흙, 모래 들을 한쪽으로 쓸어놓으면 진공 청소 시간을 단축할 수 있다.

1

먼저, 브러시로 문지른다

2

그다음, 진공청소기로 빨아들인다

STEP 2 클리닝

클리닝은 재질에 묻은 부분적인 얼룩을 제거하거나 전체적으로 때가 껴 재질 표면의 색상이 어둡게 보일 때 표면을 세정해 본래의 색상을 되찾는 것을 말한다. 이 과정을 통해 눈에 보이지 않는 세균들도 함께 제거되어 내부의 청결도가 올라가게 된다.

클리닝 원칙

처음부터 끝까지 원칙은 하나다. 되도록이면 순하고 부드러운 방법을 선택하고, 약하게 여러 번 나눠 닦는다. 한 번에 빨리 끝내려다가 오히려 손을 안 댄 것보다 못할 수 있으니 약하고 부드러운 방법이 안 통하면 조금 더 강한 방법을 시도해 본다.

❶ 우선 젖은 타월로 닦는다. 타월은 물방울이 떨어지지 않을 정도로 꽉 짠 상태여야 하고, 따뜻한 물에 타월을 적셔주면 세정력이 조금 더 좋아진다.

❷ 젖은 타월로 닦아도 효과가 없다면 중성세정제를 오염 부위에 분사하고 칫솔, 구둣솔, 디테일링 브러시 등으로 부드럽게 문지른 후 마른 타월로 닦아낸다. 오래된 찌든 때에는 전용 세정제 또는 다목적 세정제를 사용한다. 세정 후에는 표면에 세정제가 남지 않도록 물기를 꽉 짠 타월로 한 번 더 닦거나 물을 분사한 후 마른 타월로 닦는다.

실내 세정제

내장재를 클리닝할 때는 변색에 주의해야 한다. 강산성, 강알칼리성의 세정제를 사용하거나 벤젠, 시너, 알코올 등의 유기용제로 내장재를 닦을 경우 표면이 변색되고 손상될 수 있다.

고무, 플라스틱, 직물, 비닐, 가죽 등 재질에 따라 그에 맞는 전용 세정제를 쓰는 것이 안전하나 '전용'이라는 단어에 너무 집착할 필요는 없다. 자동차 브랜드들도 내장재 세정에 꼭 전용 세정제를 고집하지는 않는다. 렉서스 오너 매뉴얼은 5% 울샴푸 용액(물 95%, 울샴푸 5% 희석액)에 타월을 적셔 가죽 표면을 닦도록 안내하고 있으며, 벤츠 오너 매뉴얼에는 인조 가죽 시트와 직물 시트를 1% 주방 세제 용액(물 99%, 주방 세제 1% 희석액)으로 닦으라고 되어 있다. 또한 미쓰비시 오너 매뉴얼에는 플라스틱, 인조 가죽, 직물은 3% 비누액(물 97%, 물비누 3% 희석액)으로 닦고, 가죽에는 5% 비누액(물 95%, 물비누 5% 희석액)을 쓰라고 나와 있다.

여러 자동차 브랜드들의 오너 매뉴얼을 종합해 보면, 재질에 안전하고 클리닝에 효과적인 세정제를 직접 만들어 쓸 수 있다. 외부 세차에 쓰는 카샴푸나 옷감을 세탁할 때 쓰는 울샴푸를 스프레이 통에 담아 물과 1:20(카샴푸 또는 울샴푸 1, 물 20) 정도의 비율로 섞으면 무난한 내부 세정제가 된다. 고무, 플라스틱, 비닐, 가죽, 패브릭, 알칸타라 등 대부분의 재질에 적용해도 문제가 되지 않는다. 세정할 곳에 가볍게 분사한 후 타월, 패드, 칫솔, 브러시 등으로 문지르면 끝이다. 전용 세정제보다 세정력이 조금 부족할 수 있지만 내부 재질을 손상시키지 않아 마음 편히 사용할 수 있다. 오염이 심한 곳에는 세정력이 부족할 수 있는데 이때는 다목적 세정제나 전용 세정제를 써볼 만하다.

실내 클리닝 주의 사항

❶ **가능한 한 모든 문을 열어놓고 클리닝해야 한다.**
세정제를 쓸 경우 환기가 잘돼야 물이나 세정제에 젖은 패브릭, 가죽 표면이 빨리 마른다. 시트, 카펫 청소 시 눈에 잘 보이지는 않지만 먼지가 엄청나게 일어나므로 호흡기 계통이 약하다면 진공 청소나 클리닝을 할 때 마스크를 착용하는 것이

좋다.

❷ 내장재 표면이 흠뻑 젖지 않게 한다.

내장재는 흠뻑 젖으면 쉽게 마르지 않아 겨울철이나 장마철에 곰팡이가 피기 쉽고 가죽 표면이 오래 젖어 있으면 마르면서 뻣뻣해진다. 타월을 물에 적셔 닦을 때에도 물을 꽉 짜 사용하는 것이 좋고, 분무기로 세정제를 뿌릴 때에도 표면만 살짝 적셔 마른 타월로 문질러준다.

부위별 클리닝 요령

`천장(직물)`

천장 클리닝은 실내에 담배 냄새가 심하게 배어 있을 때도 큰 도움이 된다. 천장 직물은 세게 눌러 닦으면 직물의 접착력이 떨어져 늘어질 수 있으니 과도하게 힘을 줘 닦지 않는다. 세정제를 가늘게 골고루 분사한 후 마이크로화이버 타월이나 스펀지로 문질러 때를 뺀다. 깨끗한 타월을 물에 적셔 꽉 짠 후 다시 문질러 남은 때를 제거하며 세정제 성분을 최대한 닦아낸다. 마지막으로 마른 타월로 표면을 닦아 물기를 최대한 제거한다. 천장을 6등분 정도로 나눠 닦으면 빈틈없이 닦을 수 있다.

천장 직물에 세정제를 바로 뿌린다

적당한 힘으로 문질러 때를 뺀다

시트(가죽, 직물, 비닐, 알칸타라)

물을 꽉 짠 타월로 닦는 것은 시트 클리닝의 기본이다. 헤드레스트부터 시작해 등받이, 쿠션 순서로 닦는다. 헤드레스트를 최대한 올려 구석구석 닦아준다.

세정제를 사용해야 하는 경우에는 표면만 살짝 적시는 정도로 분사하고 마른 타월이나 브러시로 문지른다. 브러시는 부드러운 모를 권하며 가볍게 반복해서 문지르는 것이 좋다.

물을 꽉 짠 타월로 시트를 닦는다

알칸타라 재질에는 가죽 전용 세정제를 사용해선 안 된다. 알칸타라 전용 세정제가 따로 있기는 하지만 오염이 심하지 않다면 젖은 타월로 닦거나 카샴푸 희석액 또는 울샴푸 희석액으로도 충분하다. 포르쉐, 아우디 등의 오너 매뉴얼에서도 알칸타라의 기본 세정은 젖은 타월을 이용하도록 하고, 얼룩을 제거할 때에는 따뜻한 물에 타월을 적셔 닦도록 안내하고 있다.

1

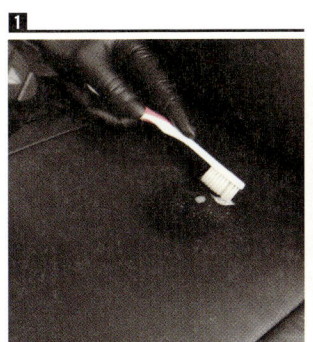

세정제를 오염 부위에 살짝 뿌린다

2

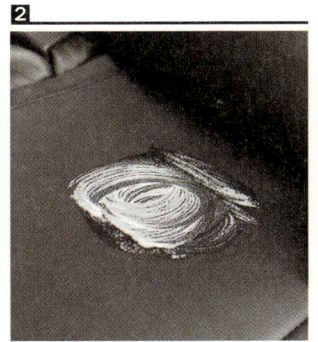

칫솔로 가볍게 반복해 문지른다

3

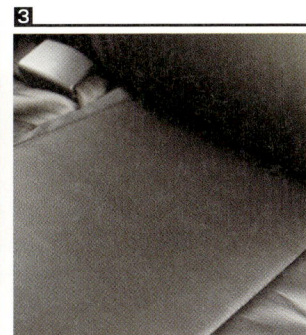

타월로 닦아낸다

카펫

카펫은 절대 흠뻑 적셔 세척해선 안 된다. 잘 마르지 않아 곰팡이가 피기 쉽기 때문이다. 가벼운 오염엔 물을 꽉 짠 타월로 닦아주고, 잘 지워지지 않는 얼룩은 카샴푸나 울샴푸 희석액을 뿌리고 칫솔이나 약간 단단한 모의 브러시로 문지른 후 마른 타월로 닦는다. 그래도 부족하다면 다목적 세정제나 카펫 전용 클리너를 써야 한다. 세정제를 사용한 경우에는 깨끗한 물에 적셔 물기를 꽉 짠 타월로 남아 있는 세정제 성분을 말끔히 닦아낸다. 물에 적신 타월로 표면을 닦은 후에는 마른 타월로 한 번 더 닦아 카펫 표면의 물기를 최대한 제거한다. 카펫 세정이 끝난 후에는 창문을 조금 열어놓아 카펫이 완전히 마르게 해주자.

카펫은 물에 약하기 때문에 비 오는 날 젖은 우산을 들고 차에 올랐다면 시트나 매트, 카펫이 오래 젖어 있지 않도록 관리해야 한다. 차에 타월을 보관해 뒀다가 시트, 매트, 카펫에 물기가 떨어졌을 때 바로 닦아내는 것이 좋다. 특히 매트 밑의 카펫이 젖으면 잘 마르지 않고 카펫에 닿는 철판에 녹을 유발할 수 있으니 유의하자. 일본의 자동차 브랜드 란치아와 다이하쓰는 오너 매뉴얼에서 발 매트 밑의 카펫이 젖어 있지 않은지 주기적으로 확인하라고 안내하며, 포르쉐 오너 매뉴얼은 기후가 습한 지역이고 가죽 내장재가 있는 차량엔 바닥 카펫에 실리카겔과 같은 건조제를 두어 실내 특히 바닥 카펫이 습해지지 않도록 권하고 있다.

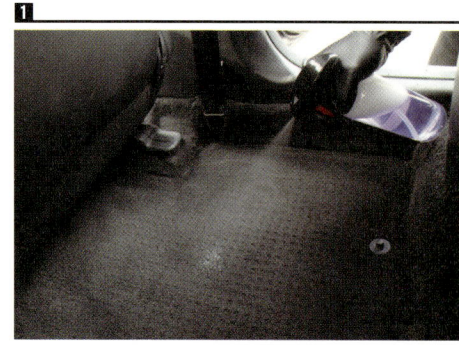

카펫에 세정제 뿌리기

구둣솔로 문지르기

매트

매트는 세정제를 풀어 솔질하고 물로 세척하는 것이 가장 깨끗하나 볕 좋은 날 바깥에서 말려도 반나절은 걸린다. 번거로운 물 세척을 한 달에 몇 번씩 할 수는 없기에 여기서는 간단한 클리닝 방법을 소개한다.

매트 세척은 가능하면 카펫과 마찬가지로 진공청소기로 최대한 흙먼지를 빨아들이고, 매트를 되도록 적게 적시며 때를 뺀다. 보통, 표면을 적게 적시면서 때를 빼는 데에는 거품식 카펫 클리너가 효과적이나 거품식 카펫 클리너가 없는 경우에는 시트 세척과 마찬가지로 클리너를 분무기로 분사해 매트의 표면만 살짝 적신 후 브러시로 문지른다. 브러싱이 끝나면 타월로 때를 닦아내는 동시에 매트의 물기를 최대한 제거한다.

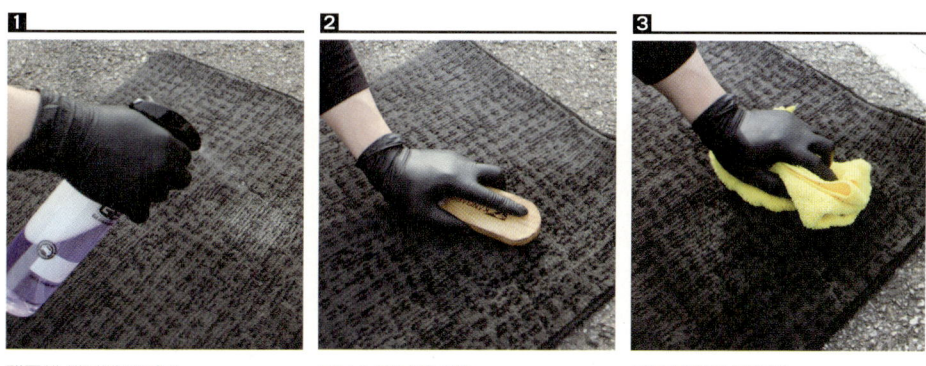

| 1 매트에 세정제 뿌리기 | 2 구둣솔로 문지르기 | 3 마른 타월로 때 빼기 |

대시보드

대시보드에는 다양한 버튼들과 좁은 틈새, 송풍구, 스티어링휠(핸들), 기어스틱, 방향 지시 레버와 와이퍼 조작 레버, 컵홀더, 계기판 등 디테일한 구석이 참 많다. 얼마나 깨끗하게 클리닝할 수 있느냐는 좁고 깊은 곳까지 놓치지 않고 섬세하게 닦을 수 있느냐에 달려 있다. 그만큼 도구가 중요하다고 할 수 있는데 실내 클리닝 전용 도구를 써도 좋지만 칫솔, 페인트 브러시, 면봉, 스펀지 스틱 등 주변에서 쉽게 구할 수 있는 것들을 사용

해도 크게 부족함은 없다. 좁고 깊은 곳까지 잘 닦을 수 있는 것이면 무엇이든 가능하다.

우선 물기를 꽉 짠 타월로 대시보드 표면을 닦는다. 흔히 물걸레질한다고 하는데 딱 그것이다. 물걸레질은 내부 세차의 기본이라 해도 과언이 아니다. 다만 여기선 걸레가 아니라 때 묻지 않은 타월을 써야 한다. 물걸레질로 닦이지 않는 얼룩과 때가 있을 경우에만 세정제를 쓴다. 물걸레질 후 마른 타월로 한 번 더 닦아주면 물 자국이 남지 않아 더 깨끗하다.

송풍구는 틈이 좁으면서 깊어 칫솔보다는 면봉이나 스펀지 스틱을 촉촉하게 적셔 닦는

젖은 타월로 대시보드 닦기

면봉으로 송풍구 닦기

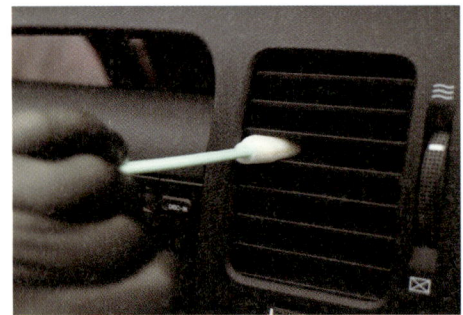

스펀지 스틱으로 송풍구 닦기

타월 끝으로 송풍구 닦기

것이 낫다. 타월을 뾰족하게 모아 닦아도 좋다. 먼지가 들러붙어 잘 닦이지 않을 때는 면봉을 세정제에 적셔 약간 힘을 줘 문질러야 한다. 세정제를 사용한 경우에는 면봉이나 스펀지 스틱을 깨끗한 물에 적셔 세정제 성분을 남김없이 닦아낸다.

안전벨트

안전벨트는 무엇보다 기능에 충실해야 한다. 안전벨트는 그 기능에 문제가 없는지 정기적으로 검사해 기능상 문제가 발생되면 교체해야 하는 소모품이다. 안전벨트를 검사하는 요령은 우선 벨트를 끝까지 잡아당겨 벨트에 손상된 부분이 없는지 육안으로 확인한 후, 벨트가 걸쇠에 부드럽게 잘 잠기고, 벨트를 놓았을 때 쉽게 감기는지 확인하는 것이다. 혼다의 오너 매뉴얼에 따르면, 벨트가 쉽게 감기지 않을 경우 벨트 클리닝이 문제 해결에 도움이 될 수 있다고 한다. 벨트 클리닝은 벨트의 기능을 점검할 수 있고, 손때 묻은 벨트를 깨끗이 세척할 수 있으며, 벨트의 기능을 어느 정도 회복시킬 수 있다는 점에서 매우 유용하다.

벨트 클리닝 시, 카샴푸나 울샴푸 희석액을 브러시에 묻혀 벨트를 문지른다. 마른 타월로 때를 닦아내고 다시 축축한 타월로 세정제 잔여물을 닦아낸다. 한 번에 벨트 전체를 닦으려다 보면 샴푸 희석액에 젖은 벨트가 이리저리 움직이면서 시트에 묻을 수 있기 때문에 한 번에 15~20cm 길이씩 나누어 닦는다. 벨트 전체를 닦은 후에는 마른 타월로

세정제를 뿌리고 브러시나 구둣솔로 문지르기

안전벨트 건조하기

벨트의 물기를 최대한 닦아낸다.

마지막으로 세척을 모두 마친 후에는 마르기 쉽도록 스티어링휠, 리어미러(백미러) 등에 걸쳐 놓되 직사광선은 피하는 것이 좋다. 벨트가 충분히 마른 것을 확인한 후 되감는다.

벨트를 클리닝할 때 표백제나 솔벤트가 포함된 세정제로 벨트를 세척하거나 염색제로 벨트를 염색하면 절대 안 된다. 표백제, 솔벤트, 염색제 등은 벨트의 내구성을 심각하게 떨어뜨려 사고 시 벨트가 찢어지거나 벨트 본연의 기능을 발휘하지 못할 수 있다.

도어패널(스피커 커버 포함)

도어패널이라고 해서 다를 것은 없다. 물기를 꽉 짠 타월로 먼지와 가벼운 때를 닦고, 부족하면 샴푸 희석액과 브러시를 써서 문질러보고, 그래도 안 되면 다목적 세정제나 전용 세정제를 써보는 순서를 밟는다.

도어패널의 플라스틱, 비닐, 가죽 소재는 크게 더러워질 일이 없는 편이어서 전용 세정제까지 쓸 일은 많지 않으나 직물 소재는 때가 잘 타서 물걸레질만으로는 부족할 때가 있다. 직물이기 때문에 흠뻑 적셔 닦는 것은 피하는 편이 좋고, 직물 표면에 샴푸 희석액 또는 전용 세정제를 가볍게 뿌린 후 마른 마이크로화이버 타월로 때를 닦아낸다. 그래도 때가 잘 빠지지 않는다면 샴푸 희석액이나 전용 세정제를 가볍게 뿌린 후 구둣솔, 칫솔 같은 브러시로 가볍게 반복해 문지른 후 마이크로화이버 타월로 닦아낸다. 때를 뺀

도어패널에 세정제를 뿌리고 칫솔로 문지르기

세척 후 마른 타월로 닦아내기

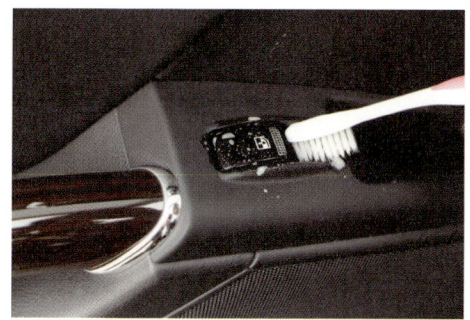
윈도우 스위치 세척

도어 포켓 세척

후에는 물기를 꽉 짠 타월로 직물에 남아 있는 세정액을 닦아내고, 직물이 빨리 마를 수 있도록 마른 타월로 표면을 한 번 더 닦아준다.

도어패널에 있는 작은 스위치들과 좁은 틈새들은 면봉, 칫솔 등에 샴푸 희석액을 묻혀 닦은 후 마른 타월로 닦아낸다.

스피커 그릴망은 클리닝하기 까다로운 곳이다. 겉만 닦아서는 구멍 벽면에 붙은 먼지들이 잘 제거되지 않기 때문이다. 그릴망 안쪽으로 세정제나 물이 튀어서는 안 되고 구멍들을 하나하나 닦기에는 구멍이 너무나 많다. 게다가 도어패널 아래쪽에 위치한 스피커는 승하차 시 발길에 차이기 쉽고 매트가 밟힐 때 풀썩이며 올라오는 먼지에 항상 노출되어 있어 빨리 더러워지기까지 한다.

도구로는 단연 칫솔을 추천한다. 브러시나 칫솔로 구멍을 쓸어내기만 해도 먼지들이 떨어지는 정도라면 진공청소기 끝을 가져다 대어 칫솔로 먼지를 쓸어내리는 족족 빨아들이면 더욱 좋다.

마른 칫솔질로는 먼지들이 꿈쩍도 하지 않는다면 샴푸 희석액, 인테리어용 세정제, 다목적 세정제 등으로 칫솔 끝을 가볍게 적셔 닦으면 달라붙은 먼지들도 효과적으로 닦아낼 수 있다. 그릴망 표면을 전체적으로 문지른

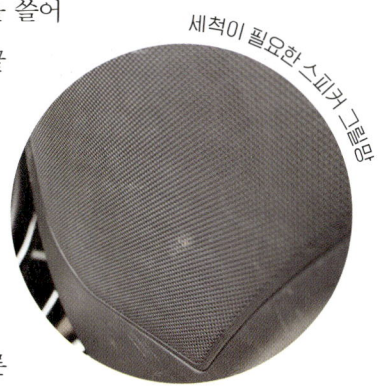
세척이 필요한 스피커 그릴망

후에는 칫솔 모가 그릴망 안으로 들어가도록 해 칫솔 모의 옆면이 구멍 벽면을 쓸도록 칫솔 모를 둥글게 돌린다. 세정제를 이용해 세정한 후에는 칫솔을 깨끗한 물에 살짝 적셔 구멍 벽면에 남아 있는 세정액 거품이나 먼지 찌꺼기를 밖으로 쓸어내고 마른 타월로 닦는다. 그릴망이 깨끗해질 때까지 이 과정을 반복한다.

1

세정제로 칫솔 끝 적시기

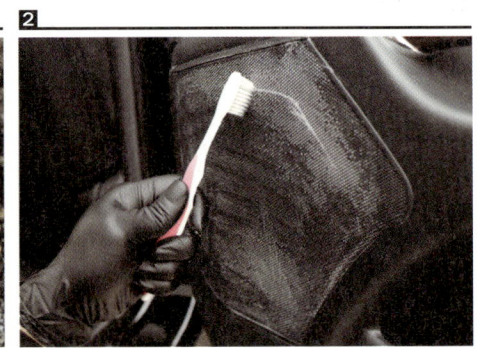

2

칫솔로 그릴망 문지르기

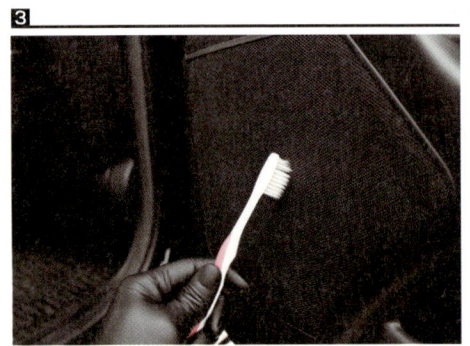

3

물에 적신 칫솔로 세정액과 먼지 찌꺼기 쓸어내기

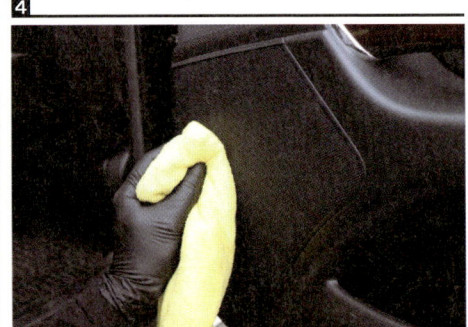

4

마른 타월 또는 물기가 살짝 있는 타월로 닦아내기

드레싱

드레싱 제품들의 광고성 글귀들을 들여다보면 다음의 다섯 가지 공통점을 발견할 수 있다. 가벼운 세정, 오염 방지, 색상 복원, 은은한 또는 눈부신 광택, 자외선에 의한 변색 예방. 드레싱이 선택이 아닌 필수임을 강요하는 것만 같다. 그러나 어디까지나 제조사들이 제품 홍보를 위해 표방하는 기능일 뿐 그 성능에 대한 구체적인 데이터를 제시하는 곳은 찾아보기 어렵다. 특히 자외선 차단 성능의 근거로 자외선 차단 지수나 등급 같은 수치를 제시하는 곳은 단 한 곳도 없다. 그러니 제조사들이 주장하는 기능과 성능을 맹신하지는 말자. 물론 드레싱의 장점은 분명히 있다. 드레싱은 플라스틱, 고무, 가죽 등의 표면에 생기를 불어넣는다. 뿌옇게 색이 바래며 푸석푸석해진 플라스틱과 고무 표면의 색감을 짙게 하고 메마른 가죽 표면을 윤기 있게 만들어준다. 그래서 오래된 차일수록 드레싱의 효과는 크게 느껴지고 새 차일수록 그 효과는 상대적으로 덜 느껴진다. 물론 새 차에 드레싱을 하면 더 고급스러워 보이고 재질의 노화를 조금이나마 지연시킨다는 점엔 이견이 없을 것이다.

드레싱 제품

드레싱 제품 종류는 다양하다. 실내 대부분의 재질에 두루 쓸 수 있는 범용 제품, 재질에 따라 특화된 전용 제품, 세정과 표면 보호 기능이 동시에 있는 올인원 제품, 세정보다는 표면 보호와 지속성에 집중한 프로텍턴트(protectant) 제품 등이 있다. 세정력이 좋은 제품은 색상 복원력과 지속성이 약한 편이고, 색상 복원력과 지속성이 좋은 프로텍턴트 제품은 사용 전 따로 표면을 세정해야 효과가 좋다. 세정과 표면 보호 기능의 올인원 제품은 실내에 두루 쓸 수 있는 제품이 많고, 프로텍턴트 제품은 플라스틱·고무·비닐 전용 제품과 가죽 전용 제품으로 나뉘므로 제품 설명을 꼼꼼히 읽고 난 후 제품을 구입하는 걸 권한다. 먼지와 가벼운 얼룩 정도의 약한 오염이라면 사전에 별도의 세정을 하지 않고 드레싱 제품만으로도 괜찮은 세정 효과를 얻을 수 있다.

드레싱 주기

드레싱 주기에 대해 딱히 정해진 것은 없다. 자동차 브랜드들의 오너 매뉴얼은 플라스틱, 고무, 비닐 등의 드레싱 정보는 거의 제공하고 있지 않지만 가죽 관리에 대해서는 대략적인 관리 주기를 언급하고 있다. BMW는 2개월마다, 토요타는 1년에 두 번, 볼보는 1년에 2~4번, 폭스바겐은 1년에 두 번 가죽 보호제를 바를 것을 권장하고 있다. 플라스틱과 고무는 눈으로 봤을 때 뿌옇고 말라 보이면 드레싱제가 도움이 될 것이며, 가죽 역시 메말라 보이고 만져봤을 때 뻣뻣하고 거친 느낌이 든다면 자동차 브랜드들의 권장 주기와 관계없이 보호제를 바를 때가 된 것으로 봐도 무방하다. 또한 플라스틱, 고무, 비닐, 가죽 등에 세정제를 써서 클리닝했다면 그때 역시 보호제를 발라두는 게 좋다.

드레싱 방법

플라스틱 드레싱(대시보드, 도어트림)

드레싱할 표면에 드레싱제를 분사한 후 고르게 펴 발라 표면이 매끈하고 반짝일 때까지 타월로 문지르면 된다. 다른 곳에 튈 염려가 있는 부위라면 드레싱제를 타월에 분사해 닦는 편이 좋다. 패드를 써서 드레싱할 수도 있는데 패드에 분사해 드레싱한 후 마른 타월로 표면이 매끈하고 반짝일 때까지 닦으면 된다.

드레싱을 위한 패드로는 왁스를 바르는 용도의 스펀지, 마이크로화이버 재질의 패드, 마이크로화이버 타월 등을 사용하면 된다. 타월이나 패드에 드레싱제를 여러 번 분사하다 보면 드레싱제로 젖기 때문에 드레싱제를 추가로 뿌리지 않아도 표면을 충분히 드레

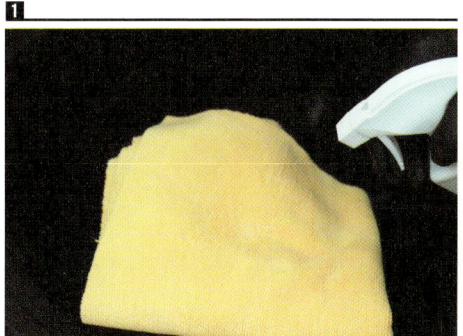

타월에 드레싱제 뿌리기   대시보드 드레싱하기

싱할 수 있다. 드레싱제를 듬뿍 바른다고 더 좋아지는 것은 아니므로 드레싱제를 계속 사용하기보다는 드레싱제가 표면에 발리는 정도를 보고 부족하다 싶으면 조금씩 분사하는 게 좋다.

대시보드 전면의 센터패시아와 도어트림의 조작부에는 좁은 틈새가 많아 타월만으론 꼼꼼히 드레싱하기 어렵다. 스펀지 스틱이나 면봉 등이 도움이 되며, 칫솔 손잡이를 얇은 타월로 감싸 좁은 공간을 공략하는 방법도 있다.

고무 드레싱(도어 고무 몰딩, 도어잼, 풋페달)

도어 안쪽의 고무 몰딩은 차의 안팎에서 잘 보이지 않지만 차 문을 열었을 때 차의 디테일을 살려주는 중요한 포인트다. 탐스러운 광택과 우아한 실내로 한껏 멋을 내고 싶다면 디테일에 더욱 관심을 가져야 한다. 도어 고무 몰딩, 풋페달 고무 등이 이런 디테일에 해당된다.

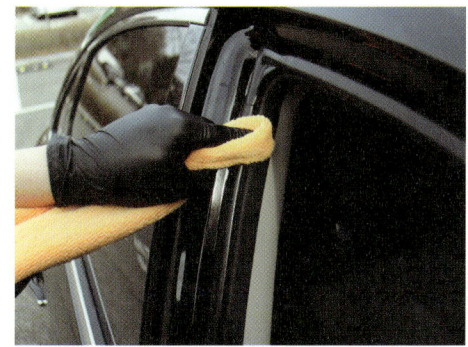

도어 안쪽 고무 몰딩 드레싱하기

패드나 타월에 드레싱제를 분사해 고무 몰딩에 가볍게 바르면 고무의 색감이 새것처럼 진해지고, 고무에 드레싱제를 주기적으로 발라주면 고무가 경화되는 것을 지연시켜 오래도록 새것 같아 보인다.

플라스틱, 고무 드레싱제는 표면을 미끄럽게 만들어 먼지가 덜 탄다는 장점이 있지만 풋페달에 바를 때는 주의를 요한다. 중요한 순간에 페달에서 발이 미끄러질 수 있으므로 풋페달은 깨끗이 세정만 하고 드레싱을 하지 않거나 드레싱을 하더라도 미끄럽지 않을 정도로 드레싱제를 아주 조금만 바르는 편이 안전하다. 다른 곳의 드레싱을 모두 마친 후 드레싱제로 이미 젖어 있는 패드, 타월, 칫솔로 닦는 것만으로도 충분히 효과가 있다. 풋페달 드레싱 후에는 발로 밟아 너무 미끄럽지는 않은지 반드시 확인해야 한다.

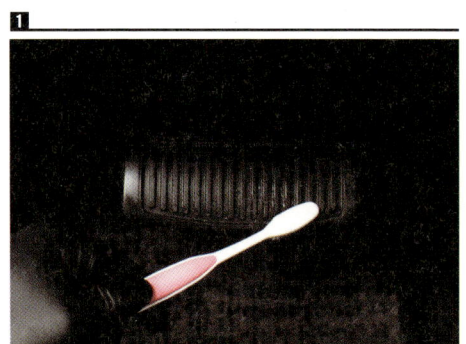

풋페달 세정

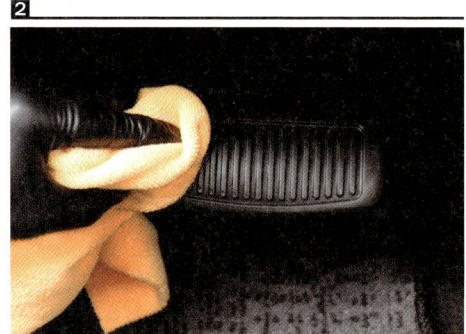

풋페달 드레싱

가죽 드레싱(가죽 핸들, 가죽 시트, 가죽 업홀스터리)

패드나 타월에 가죽 드레싱제를 묻혀 바르거나 가죽 표면에 드레싱제를 바로 뿌려 패드나 타월로 펴 발라도 괜찮다. 가죽 핸들, 도어패널의 가죽 트림, 시트의 헤드레스트와 등받이와 같이 넓지 않거나 수직으로 세워진 부위는 패드나 타월에 드레싱제를 묻혀 바르는 편이 조금 더 수월하다.

가죽 부위는 신체와 자주 닿기 때문에 드레싱제를 과하게 바르고 방치하면 옷이나 피부

가죽 핸들 드레싱   가죽 시트 드레싱

에 드레싱제가 묻게 된다. 따라서 드레싱제를 바르고 드레싱제가 스며들 시간을 둔 다음 마른 타월로 닦아주는 게 좋다.

가죽 핸들의 뒷면, 헤드레스트와 시트의 옆면과 뒷면 등 빠뜨리기 쉬운 곳도 놓치지 말고 드레싱해 보자. 운전자의 시야에서 실내 전체의 디테일을 잡아내기는 쉽지 않다. 세차를 하는 사람이 열이면 열 운전자이다 보니 운전석에서 보이는 디테일은 강하지만 조수석이나 뒷좌석에서 보이는 디테일엔 아무래도 취약하기 마련이다. 조수석과 뒷좌석에 앉아 실내를 찬찬히 살펴보자. 실내 디테일을 챙기는 데 도움이 될 것이다.

STEP 3
레벨업 디테일링

페인트 클리닝: 클레이바

페인트 클리닝: 페인트 클렌저

왁싱

투명한 유리 만들기

휠 클리닝

스톤칩과 터치업

엔진룸 클리닝

차를 살리는 디테일

트러블메이커: 새똥

트러블메이커: 시멘트 낙수

트러블메이커: 나무 수액

피부 관리의 대표적인 키워드인 '안티에이징'은 차의 외장 관리에 있어서도 중요하다. 계절이 바뀌고 해가 갈수록 뚜렷하고 영롱했던 새 차의 느낌은 줄어들기 마련이다. 차의 안티에이징은 작은 것에서부터 시작하면 된다. 작은 것 하나하나에 집중해서 전체를 완성해 가는 게 바로 디테일링이다. 꼼꼼한 세차를 바탕으로 차 곳곳에 관심을 갖다 보면 어느새 레벨업된 자신을 발견할 수 있을 것이다.

STEP 3
페인트 클리닝

클레이바

보통 '클리닝' 하면 물이나 세정제로 어떤 표면을 깨끗이 닦아내는 작업을 떠올리지만 여기서 말하는 클리닝은 더 구체적인 의미를 담고 있다. 세차만으로는 제거되지 않는 도장 표면 위의 갖가지 이물질, 얼룩, 때, 오래된 왁스층 등을 안전하고 효과적으로 제거하는 것을 포괄하며, 궁극적으로는 차가 처음 출고되었을 때의 색감과 광택을 되찾는 일이라고 할 수 있다.

때가 잔뜩 낀 피부를 떠올려보자. 비누칠만 해서는 때를 벗겨내기 어려울 것이다. 오염된 도장 역시 마찬가지다. 때수건은 클레이바에 비유될 수 있고, 클렌징폼은 페인트 클렌저에 비유될 수 있다. 독자의 이해를 돕기 위해 개념적인 비유를 한 것일 뿐 구체적인 기능과 작용까지 정확히 일치하는 것은 아니니 오해가 없었으면 좋겠다. 어쨌든 페인트 클리닝에서는 클레이바와 페인트 클렌저가 주연 배우임에 틀림없다. 페인트 클리닝을 마스터하기 위해 클레이바와 페인트 클렌저부터 자세히 살펴보자.

페인트 클리닝이 필요한 도장 상태의 차

클레이바란?

클레이바(clay bar)를 사용하면 도장 표면에 단단히 부착되어 있거나 박혀 있는 철분, 오버 스프레이(페인트 날림), 수액, 물때 자국 등을 효과적으로 제거할 수 있다. 클레이바는 고무찰흙 형태의 합성 물질로, 도장 표면을 미끄러지듯 스치면서 도장 표면 위의 이물질들을 미세하게 갈아내고 떼어내면서 클리닝한다. 도장뿐만 아니라 유리와 같이 매끈한 표면이라면 어디에도 쓸 수 있어 그야말로 클리닝계의 '해결사'라 할 수 있다. 클레이바가 흠집 제거에도 효과가 있는지 궁금해하는 분들이 있는데, 클레이바는 이물질에만 작용할 뿐 흠집에는 전혀 효험이 없다.

클레이바 종류

클레이바는 물성의 단단함과 연마력에 따라 파인(fine), 미디엄(medium), 헤비(heavy) 등급으로 나눠진다. 연마력이 높으면 이물질 제거력이 좋아져 작업 속도가 빨라지지만 도장에 흠집을 더 내게 되고, 연마력이 낮으면 도장에는 더 안전하지만 이물질 제거력이 떨어져 작업 속도가 느려지고 강하게 고착된 이물질들은 남을 수 있다.
등급마다 색상으로 구분이 되어 있지만 제조사마다 등급에 부여하는 색상 기준이 달라 제품의 색상에 의미를 부여할 필요는 없다.

파인 등급

비교적 무르고 연마력이 낮아 도장면에는 대체로 안전하나 그만큼 이물질 제거력도 약한 편이다. 파인 등급이라고 해서 도장에 흠집을 전혀 내지 않는 것은 아니며 다른 등급에 비해 상대적으로 흠집을 덜 내는 것으로 이해하는 것이 좋다. 철분, 수액, 페인트 날림, 물때 등 대부분의 이물질 제거에 효과가 있지만 오랫동안 방치된 이물질이라면 완벽하게 제거하기 어려울 수 있다. 1~2주에 한 번꼴로 세차하는 편이고 정기적으로 클레이바를 사용한다면 파인 등급의 클레이바가 적합하다.

미디엄 등급

파인 등급에 비해 조금 더 단단한 편이고 그만큼 이물질 제거력이 좋다. 보편적으로 가장 많이 쓰이는 등급이며 2년 이내에 클레이바를 사용한 적이 없다면 미디엄 등급의 클레이바가 제격이다. 물론 이런 경우에도 파인 등급의 클레이바를 사용할 수 있으며 대신 작업 시간은 더 길어진다. 파인 등급이 물성 자체는 미디엄 등급보다 안전한 것이 분명하지만 이물질 제거력이 떨어지다 보니 도장에 단단히 박혀 있는 이물질을 제거하기 위해 힘을 더 주다 보면 흠집이 생길 수밖에 없다. 등급 자체의 우열을 가리는 것보다는 도장 상태에 맞는 등급을 선택하는 게 중요하다.

헤비 등급

헤비 등급의 클레이바는 연마력이 매우 높아 오랫동안 관리하지 않은 차에 적합하다. 이물질 제거력이 뛰어난 대신 도장에도 적지 않은 흠집을 유발하기 때문에 자주는 아니더라도 세차를 꾸준히 해온 차에는 굳이 헤비 등급의 클레이바를 사용할 필요는 없다. 이물질 고착이 심각하며 작업 시간을 단축해야 하고 폴리셔로 광택 작업을 계획하고 있다면 헤비 등급의 클레이바가 유용할 수 있다.

요즘에는 클레이바 변형 제품들도 다양하게 판매되고 있다. 클레이 블록, 클레이 타월, 클레이 미트, 클레이 패드 등은 모두 같은 목적이되 물성과 형태가 다른 제품들이다. 각 제품의 특성과 장단점을 확인해서 자신이 원하는 클레이 제품을 선택하길 권한다.

클레이바 사용 시기

까칠까칠한 도장

피부에 비유될 수 있는 차의 도장에도 각질 같은 존재가 있다. 철분, 수액, 물때, 타르 등이 도장에 누적되면 도장의 색감과 광택이 예전만 못해 보이고 이물감이 느껴지며, 오래 방치할 경우 철분에선 녹이 피고 수액과 물때 같은 것들이 도장을 조금씩 좀먹어 닦아도 흔적을 남긴다. 그렇다고 불안해할 것까지는 없다. 수 주 내지 수개월에 걸쳐 서서히 진행되는 과정이기 때문에 정기적으로 클리닝만 해준다면 별문제가 되지 않는다.

도장이 까칠까칠해지는 것은 필연적으로 맞이하게 되는 현상이다. 세차 주기와 주변 환경에 따라 그 까칠함의 정도가 다를 뿐이다. 도장을 깨끗하게 오래 유지하기 위해서는 정기적으로 또는 필요에 따라 도장을 매끈하게 만들어줄 필요가 있으며, 이때 효과적인 도구가 클레이바다. 세차가 칫솔질이라면 클레이바는 치실이다. 칫솔질로 치아 사이사이의 찌꺼기들을 완벽하게 제거하기는 어렵지만 치실을 쓰면 쉽게 제거할 수 있는 것처럼 세차로 제거할 수 없는 그 오톨도톨한 이물질들을 클레이바로 어렵지 않게 제거할 수 있다.

도장의 까칠함을 확인하기 위해서는 먼저 세차를 깨끗이 하고 물기를 닦은 후 도장면을 손가락 끝으로 슬며시 쓸어내려 보면 된다. 깨끗한 유리 표면까지는 아니더라도 어느 정도 매끈한 느낌을 받았다면 아직 클레이바를 쓸 때가 아니다. 도장 표면을 더욱 섬세하게 느껴보고 싶다면 비닐 테스트를 해보자. 담뱃갑 비닐, 포장용 랩, 일회용 비닐장갑 등 얇은 비닐이면 어떤 것이든 좋다. 그 비닐 안에 손을 넣고 도장 표면을 쓸어보면 아주 미세한 이물질까지도 감지할 수 있다.

클레이바가 도장 표면 위를 오가는 과정에서 왁스층이 손상된다. 클레이바 등급, 클레이바를 사용하는 방법(문지르는 횟수, 누르는 압력, 윤활제의 종류와 사용량 등)에 따라 왁스층의 손상 정도는 달라진다. 클레이바 사용 후 왁스층이 얼마나 손상되었는지 확인하기는 매우 어렵기 때문에 클레이바로 도장면을 문질렀다면 마음 편히 왁스를 새로 바르는 것도 방법이다. 오래된 왁스층을 제거할 목적으로 클레이바를 고려해 볼 수 있지만 왁스층 제거엔 클레이바보다는 다음에 소개할 페인트 클렌저가 더 효과적이고 효율적이다.

오버 스프레이

도장 시, 페인트 입자가 공기 중에 확산되어 원치 않는 부위에 부착되는 것을 오버 스프레이(over spray)라고 한다. 도장 표면에 흩날린 페인트는 일종의 접착성 이물질이다. 세차나 타월질만으로는 떨어지지 않아 단면도(면도칼), 컴파운드, 솔벤트 등을 쓰기도 하는데 안전하고 효율적인 방법은 역시 클레이바로 문지르는 것이다. 다만 클레이바로 도장 표면을 문지르는 과정에서 미세한 흠집이 생길 수 있기 때문에 요령 있게 써야 한다. 약한 정도의 오버 스프레이라면 파인 등급의 클레이바로 제거해도 무리는 없지만 오버 스프레이 면적이 넓고 제법 두텁다면 최소 미디엄 등급의 클레이바가 적절하다. 만일 페인트가 덩어리째 묻은 경우라면 클레이바보다는 단면도로 페인트 덩어리 위쪽을 잘라낸 후 페인트 시너를 타월에 적당히 적셔 나머지 부분을 문지르면 더 효과적으로 페인트 덩어리를 제거할 수 있다.

클레이질 사전 준비

클레이바에 대해 들어봤거나 이미 써본 독자분도 있을 거다. 인터넷을 검색해 보면 클레이바를 적극 추천한다는 후기도 있지만, 흠집 유발기라며 클레이바 사용을 뼈저리게 후회한다는 후기도 볼 수 있다. 워낙 경우의 수가 많다 보니 클레이바에 대해 좋지 않은 경험을 하게 될 가능성은 있기 마련이다.

모든 조건이 완벽하다 해도 클레이바에 의한 흠집을 완벽하게 막기는 어렵다. 도장이 밝은 색상이라면 흠집이 잘 보이지 않아 흠집이 생기지 않았다고 착각할 수는 있겠다. 우리에게 필요한 것은 어딘가에 흠집이 생겼을 수는 있지만 쉽게 발견하기 어려울 정도의 미세하고 최소한의 흠집만 남도록 클레이질 요령을 익히는 것이다. 어딘가에 흠집은 생겼지만 그걸 발견하기 쉽지 않다면 현실적으로 완벽한 클레이질이라 봐도 무방하다. 이를 위해 필요한 준비 사항들을 살펴보자.

❶ 춥거나 더운 날씨 피하기

클레이바는 손으로 주물렀을 때 반죽이 쉬이 잡혀야 쓰기 좋은 때다. 기온이 낮을 때는 굳은 껌처럼 단단해져 쓰기 좋게 모양을 내기도 어렵고, 모양을 내더라도 그 단단한 덩어리로 도장면을 문지르는 것은 위험하기 짝이 없다. 클레이바는 낮은 기온에 굳기 때문에 겨울철엔 가급적 클레이질을 피하는 것이 좋지만 그 기간에 꼭 써야 한다면 바깥보다 기온이 높은 실내 또는 지하 주차장 같은 곳을 찾자. 클레이바를 따뜻한 물속에서 주물러 쓰고, 도중에 단단해진다 싶으면 다시 물에 담가 클레이바를 부드럽게 만들어 사용하는 게 좋다. 여름철 땡볕 역시 피해야 한다. 클레이바 윤활제가 금방 말라 얼룩을 남기기 쉽고 그 때문에 윤활성이 떨어져 클레이질이 부드럽지 못하기 때문이다. 여름철 클레이질은 그늘에서 도장면이 식었을 때 하는 것이 좋다.

❷ 꼼꼼하게 세차하기

차에 이물질이 남아 있는 만큼 흠집도 생기기 쉽다. 안전하게 클레이바를 사용하기 위해서 세차로 없앨 수 있는 이물질들은 최대한 없애놓자.

❸ 클레이바 윤활제 준비하기

클레이바는 표면이 끈적여 윤활제 없이는 사용할 수 없다. 클레이바 전용 윤활제라 해서 클레이바 루브(lube)라는 이름으로 판매되는 제품도 있으나 퀵디테일러를 윤활제로 써도 무방하다. 카샴푸를 물과 희석해서 사용해도 되는데 카샴푸와 물을 1:15~20 정도의 비율로 섞어 스프레이 통에 담아 쓰면 된다. 타르 제거제는 주성분인 유기용제가 클레이바를 녹여버리기 때문에 윤활제로 적합하지 않다.

클레이바 루브나 퀵디테일러를 윤활제로 쓰면 패널별로 클레이질 후 타월로 잘 닦아주면 작업이 끝나지만, 카샴푸 희석액을 윤활제로 쓰면 깨끗한 물로 헹궈내야 하는 번거로움이 따른다. 카샴푸 희석액을 윤활제로 쓰고자 한다면 세차장 부스에서 세차 후 물기를 닦지 않은 상태에서 카샴푸 희석액으로 클레이바를 사용하고, 마지막에 깨끗한 물로 헹궈내면 그나마 좀 수월한 편이다. 카샴푸 희석액을 윤활제로 여러 번 사용하다 보면 클레이바가 푸석푸석해지면서 반죽을 해도 잘 뭉치지 않고 갈라지기도 한다. 이럴 때는 클레이바를 새알처럼 동그랗게 만든 후 덮개 없이 상온에 1~2일 정도 놔두면 예전의 찰기를 되찾을 수 있다.

❹ 클레이바 잘라 쓰기

제조사마다 클레이바를 내놓는 규격이 다르다. 클레이바는 대개 80, 100, 200g짜리로 포장되어 있는데 통째로 쓸 수도 있지만 적당한 크기로 잘라 쓸 수도 있다. 클레이바 크기는 클레이질 시간과 클리닝 효과에 영향을 준다. 클레이바가 클수록 클리닝 효과가 좋아 클레이질 시간을 줄일 수 있지만 섬세한 클레이질이 어려워지고, 클레이바를 땅바닥에 떨어뜨리기라도 하면 통째로 버려야 하는 불상사가 생길 수도 있다. 반면 클레이바가 작을수록 섬세한 클레이질엔 도움이 되지만 클리닝 효과가 떨어져 클레이질 시간이 길어진다. 그러므로 클레이바는 적당한 크기로 잘라 쓰는 것이 좋다. 적당한 크기의 기준은 없지만 대략 40~60g 정도면 무난하게 쓸 수 있다. 80g과 100g짜리는 반으로 잘라 쓰면 되고, 200g짜리는 4~5등분해서 쓰면 적절하다.

❺ 클레이바 모양 내기

잘라낸 클레이바를 부드러워질 때까지 열심히 주물러야 한다. 클레이바가 잘 주물러지지 않을 때는 따뜻한 물에 1~2분 담가 놓았다 주무르면 한결 낫다. 그런 다음 양 손바닥으로 굴려 새알처럼 동그랗게 모양을 만든 뒤 손가락 세 개를 충분히 감쌀 수 있는 크기가 되도록 지그시 누른다. 너무 크게 만들면 클레이바 두께가 얇아져 손가락의 압력이 도장면에 그대로 전달되어 흠집을 낼 수 있으므로 호떡처럼 약간 두툼한 것이 낫다.

클레이질을 하다 보면 세 손가락 크기만 했던 클레이바가 손가락에 눌려 손바닥만 하게 늘어나고 두께는 만두피같이 얇아지기도 하는데, 이렇게 되기 전에 도장면에

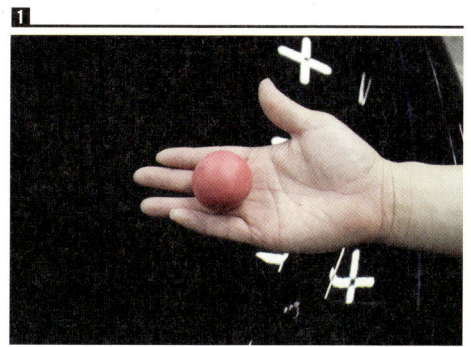
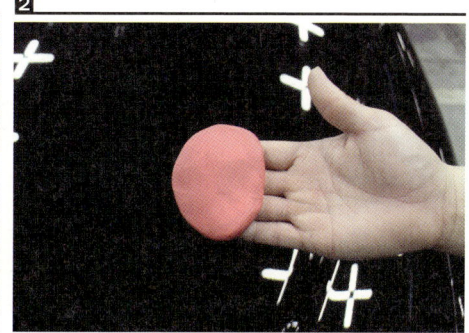

클레이바 동그랗게 모양 만들기 　　　　　양 손바닥으로 눌러 펴기

닿는 면이 깨끗한 면으로 바뀔 때까지 주무르고 다시 처음 크기로 만든 후 사용하는 게 좋다. 클레이질을 한 지 얼마 되지 않아 클레이바가 너무 얇아진다면 누르는 힘을 줄여보자.

실전 클레이질

특정 부위가 아닌 차 전체를 클레이질한다면 형식에 구애받지 않고 자신의 체력과 시간적인 여건에 맞게 클레이질하는 것이 중요하다. 루프부터 시작해 보닛(후드), 펜더, 도어, 트렁크 순서로 차를 한 바퀴 돌아도 좋고, 루프, 보닛, 트렁크리드와 같은 수평 패널을 먼저 하고 펜더, 도어, 범퍼와 같은 수직 패널은 나중에 해도 좋다. 이번엔 수평 패널만 클레이질하고 다음에 수직 패널을 하거나 세차할 때마다 한 패널씩 몇 주에 걸쳐 클레이질하는 방법도 괜찮다.

이제 클레이질을 시작해 보자. 먼저 클레이바와 클레이질할 부위에 윤활제를 넉넉히 뿌려놓는다. 그래야 클레이바가 도장면에 달라붙지 않고 잘 미끄러진다. 클레이바를 도장면에 올려놓고 손가락이 살짝 잠기도록 클레이바를 지그시 누른다. 이렇게 하면 클레이바와 도장면 사이가 들뜨지 않아 밀착력이 좋아지고 눌린 손가락 자국이 클레이바가 손에서 덜 미끄러지도록 도와준다.

도장면에 클레이바 윤활제 뿌리기   클레이바에 윤활제 뿌리기

❶ **미끄러뜨리듯 클레이바를 움직인다.**

    클레이바가 부드럽게 움직이기 위해서는 클레이바에 힘을 줘 눌러서는 안 된다. 클레이바를 눌러 움직인다는 느낌보다는 손의 무게만으로 클레이바를 미끄러뜨리는 느낌에 가깝다. 클레이바에 힘이 들어갈수록 클리닝 효과는 좋아지지만 클레이바가 흠집을 만들어낼 가능성도 그만큼 높아지므로 오염 상태가 심각하지 않다면 가급적 힘을 빼고 미끄러뜨리는 게 좋다. 강하게 한두 번 클레이질해 이물질을 제거하려는 것보다 가볍게 여러 번 문질러 제거하는 편이 도장면에 안전하다.

    또한 둥글게 원을 그리며 클레이바를 문지르는 것보다는 직선 방향으로 짧게 끊어 이동하는 방식이 좋다. 클레이바의 이동 거리가 길고 움직임이 빠를수록 손에 힘이 들어가기 쉽고 꼼꼼한 클레이질이 어려워지므로 20~30cm 범위에서 클레이바를 천천히 밀고 당긴다. 클레이바를 밀고 당길 때 이동 경로가 절반 정도 겹치게 지그재그로 줄을 바꾼다.

직선 방향으로 왕복하며 부드럽게 움직이기

이물질들이 밀집된 부위를 지나갈 때 클레이바의 움직임은 미세

하게 뻑뻑해지고 때론 사각사각거리는 소리가 나기도 하는데 클레이바가 부드럽게 미끄러질 때까지 그 부위를 반복해서 문질러주면 된다. 이렇게 이물질의 느낌이 확실히 느껴지는 곳을 마무리한 후에는 클레이바를 다시 주물러 쓰는 것이 좋다.

❷ **클레이바 윤활제는 충분히 뿌린다.**
클레이질 중간중간 클레이바 윤활제를 계속 뿌려줘야 한다. 클레이바 윤활제가 부족하면 클레이바가 도장면에 달라붙어 잘 밀리지 않거나 도장면에 클레이바 자국을 남기기 쉽다. 클레이바 윤활제는 모자라게 뿌리는 것보다는 차라리 과한 편이 낫다.

❸ **클레이바는 자주 주물러 쓰는 것이 좋다.**
클레이바 표면이 깨끗해야 클레이질에 의한 흠집을 최소화할 수 있다. 깨끗한 면이 나오도록 클레이바를 주무르는 것은 샴푸 세차 시 미트를 헹구는 것과 같음을 명심하자. 클레이바를 주무르는 주기는 클레이바가 더러워지는 정도에 따라 판단해야 하지만 대략 50×50cm 정도의 면적을 클레이질한 후에는 클레이바 표면을 확인하고 주물러주는 게 좋다.

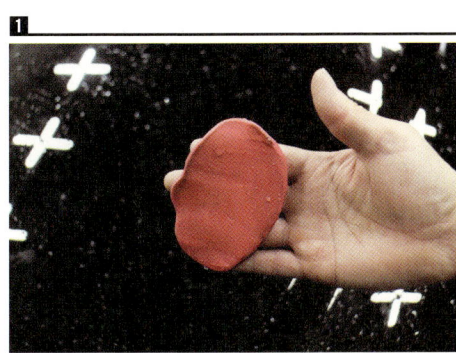
더러워진 클레이바 표면

깨끗한 표면이 나오게 주무르기

❹ **클레이바가 땅바닥에 떨어지지 않도록 주의한다.**

클레이바 윤활제는 클레이바가 도장면에서 잘 미끄러지도록 도움을 주지만 그만큼 손에서도 미끄러지기 쉽다. 펜더와 도어 같은 수직 패널을 작업할 때 클레이바를 떨어뜨리는 경우가 잦으니 특히 주의해야 한다. 만약 클레이바를 바닥에 떨어뜨렸다면 아까워도 버리는 게 좋다. 눈에 잘 보이지 않는 이물질이 클레이바 표면에 남아 있는 상태에서 클레이바를 도장면에 문지르면 심각한 흠집이 생길 수 있기 때문이다.

클레이바 보관법

클레이바를 새알처럼 동그란 모양으로 만든 후 클레이바 루브나 퀵디테일러를 넉넉히 분사해 비닐 랩에 감싸놓거나 플라스틱 통, 지퍼백, 클레이 전용 보관 용기 등에 넣어둔다. 카샴푸 희석액은 클레이바 보관 용액으로 부적합하다. 클레이바를 동그란 모양으로 만들어 보관하는 이유는 클레이바의 표면적을 줄임으로써 클레이바의 건조를 지연시키고 다음에 편리하게 사용하기 위함이다.

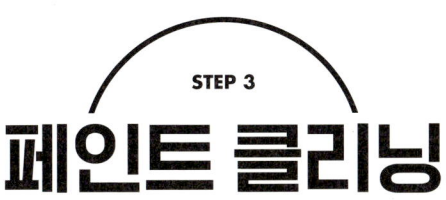

페인트 클리닝

페인트 클렌저

페인트 클렌징은 탁해진 도장에 다시 생기를 불어넣는 작업이다. 클레이바의 주된 역할이 도장 표면 위의 오톨도톨한 이물질들을 제거하는 것이라면, 페인트 클렌저(paint cleanser)의 역할은 도장 표면에 얇게 밀착된 오염막 즉, 얼룩이나 오염 흔적, 오래된 왁스층 등을 지우는 것이다. 클레이바와 페인트 클렌저는 서로 경쟁하는 관계가 아니라 상호 보완하는 관계에 가깝다. 도장의 오염 상태에 따라 한 가지만 선택할 수 있고, 오염이 심한 경우에는 두 가지 모두 필요할 때도 있다. 페인트 클렌저는 페인트 클리너, 페인트 클렌징 로션, 페인트 클렌징 크림, 프리왁스(pre-wax) 클렌저, 프리왁스 로션 등 제조사마다 조금씩 다른 이름들로 불리고 있다.

페인트 클렌저

페인트 클렌저 사용 시기

왁스를 발라도 광택이 예전만 못할 때

"화장은 하는 것보다 지우는 게 더 중요하다"는 화장품 광고 카피는 이제 뷰티 상식이다. 이 뷰티 상식은 자동차 도장에도 딱 들어맞는다. 도장면이 깨끗하지 않으면 아무리 진귀한 왁스를 바른다 한들 그 왁스가 자체 발광하지 않는 이상 기대치를 충족시키지 못한다. 도장 전체에 퍼져 있는 기름때, 변색된 왁스층, 투명도를 흐리는 도장 표면의 산화 등 도장 광택을 저해하는 요인들을 제거해야만 본래의 광택을 되찾을 수 있다. 비싸고 좋은 왁스를 찾기보다는 도장 본판을 깨끗이 정리하는 것이 우선이다. 페인트 클렌저는 광택 저해 요인들을 녹이고 분쇄하는 최고의 아이템이다. 왁스를 바르기 전에 사용한다고 해서 프리왁스 클렌저라고도 하는데, 페인트 클렌저를 사용하면 왁스가 부드럽게 잘 발리고 왁스의 지속성에 도움이 되기도 한다.

세차를 해도 얼룩들이 남아 있을 때

가끔씩 세차장에서 뻑뻑 소리를 내며 스펀지로 차를 닦는 분들을 보곤 한다. 얼룩들을 지우는 데 성공했다고 해도 사실 크게 기뻐할 일만은 아니다. 당시엔 개운했을 테지만 물기를 닦고 열심히 문질렀던 부위를 자세히 관찰해 보면 원래 있던 얼룩만큼이나 심란한 아니 그보다 더 당황스러운 흠집들이 자리 잡고 있을 것이기 때문이다.

세차와 퀵디테일러에도 꿈쩍하지 않는 때와 얼룩도 페인트 클렌저를 쓰면 안전하고 효과적으로 제거할 수 있다. 오래된 물방울 자국과 물때, 벌레 사체나 새똥을 제거하고 남은 흔적 그리고 정체를 알 수 없는 얼룩들을 발견했다면 당황하지 말고 페인트 클렌저를 써보자. 경우에 따라서는 미세한 스월마크 제거에도 효과가 있을 것이다.

실전 클렌징

❶ 깨끗이 세차한 후 그늘진 곳이나 실내에서 작업한다. 클레이질, 클렌징, 왁스질 그 어떤 작업을 하더라도 기본이 되는 것은 세차다. 도장면과 타월 사이의 티끌 하나가 무수한 흠집의 원인이 될 수 있음을 기억하자. 또한 높은 외부 온도와 도장면의 열기는 약제를 빨리 마르게 하고 과열 반응을 일으켜 작업 자체를 어렵게 할 뿐만 아니라 원하는 결과를 얻을 수 없게 만든다. 똑같은 도구와 방법을 썼음에도 사람들마다 다른 경험을 하게 되는 건 결코 이상한 일이 아니다.

❷ 클렌징 전용 패드, 왁스용 스펀지 패드, 마이크로파이버 패드 어떤 것이든 좋다. 패

드가 도장면에서 부드럽게 움직이도록 물에 적셔 꽉 짜놓거나 패드 표면에 퀵디테일러를 살짝 뿌려주면 좋다.

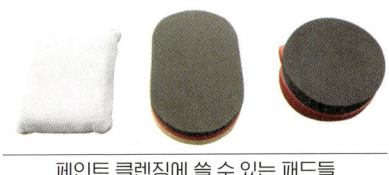

페인트 클렌징에 쓸 수 있는 패드들

❸ 페인트 클렌저를 충분히 흔들어 내용물이 잘 섞이도록 한다. 자주 사용하는 제품이 아닐수록 사용 전에 잘 흔들어줘야 한다.

❹ 페인트 클렌징은 힘으로 때를 벗겨내는 게 아니라 약제로 녹이고 분쇄하는 것이므로 약제의 양이 너무 적거나 문지르는 횟수가 부족하면 클렌징 효과가 떨어진다. 그러나 치약을 너무 많이 짜서 쓰면 오히려 칫솔질을 방해하듯이 약제의 양이 너무 많으면 클렌징

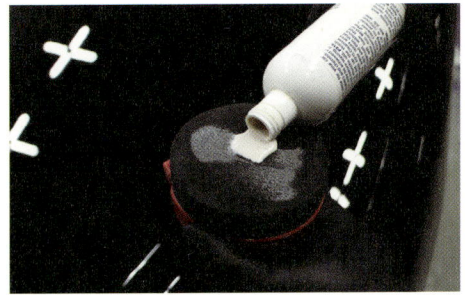

패드에 페인트 클렌저 떨어뜨리기

효과가 떨어질 뿐만 아니라 나중에 닦아내기도 어렵다. 많은 양으로 넓은 면적을 문지르려 하기보다 적은 양으로 좁은 면적을 문지르는 게 낫다. 약제의 양이 100원짜리 동전만 하다면 30×30cm 정도의 면적 또는 타월 한 장 크기 정도를 닦는 게 적당하다.

❺ 직선 방향으로 왕복하며 패드를 문지르되 여러 번 반복해도 지워지지 않는 얼룩이나 때가 있다면 패드를 원형으로 회전하며 문지른다. 잘 지워지지 않는 얼룩이나 때는 여러 방향에서 문지르면 더 공략하기 쉽다.

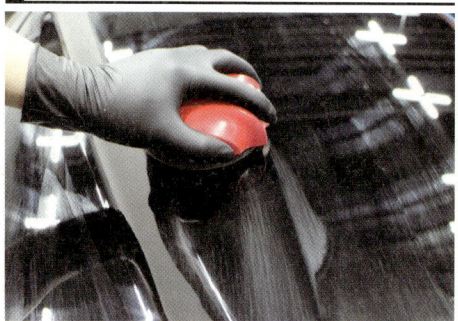
직선 방향으로 문지르기

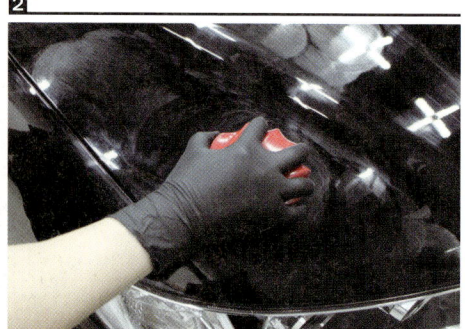
원형으로 문지르기

❻ 페인트 클렌저는 약제가 마르기 전에 닦아야 하는 제품이 있는가 하면 약제가 마르도록 기다린 후 닦는 제품도 있으므로 사용 설명서를 꼭 참고하자. 약제가 마르기 전에 닦아야 하는 제품이라면 한 번의 작업 범위 즉, 30×30cm 정도를 클렌징한 후 바로 닦아내면 되고, 약제가 마른 후 닦는 제품이라면 클렌징하는 장소의 기온과 습도에 따라 닦아내는 시점을 결정하면 된다. 제품에 따라서 여러 패널을 클렌징한 후 닦아낼 수도 있고, 차 전체를 클렌징한 후 한꺼번에 닦아낼 수도 있다.

광택기를 이용한 클렌징

손으로 하는 클렌징은 쉽게 몸이 고단해진다. 더구나 오랜만에 하는 클렌징이라면 겨울에도 땀이 날 정도다. 클렌징을 꼭 한 번에 끝내야 하는 건 아니므로 세차할 때마다 한두 패널씩 클렌징하는 것도 괜찮다. 좀 더 수월하게 클렌징하는 방법은 광택기를 쓰는 것이다. 시거잭에 꽂아 쓰는 저렴한 광택기로도 효과는 만족스러운 편이다. 머신을 이용한 클렌징에 대해서는 〈실전 셀프광택: 시거잭 광택기 폴리싱〉 편(180쪽)을 참고하길 바란다.

STEP 3
왁싱

자동차 디테일링 용품 중에서 왁스만큼이나 복잡하고 다양한 품목은 없다. 각 나라의 알려지지 않은 로컬 브랜드를 제외하고 유명 쇼핑몰에서 판매되는 왁스 브랜드만 헤아려도 50여 종이 넘는다. 그럼에도 매년 새로운 왁스들이 쏟아지고 있다는 건 왁스가 제조사와 소비자 모두에게 핫한 아이템이라는 방증일 것이다.

왁스라 하면 카나우바 왁스, 비즈 왁스, 파라핀 왁스와 같이 물에 녹지 않는 고급 1가 또는 2가 알코올 지방산에스터가 포함된 화합물을 말하는 것인데, 그 구분을 엄격하게 따지지 않고 코팅제, 광택제 등으로도 부르는 경우도 많다. 여기서는 도장 표면에 얇은 피막을 형성해 외부 환경으로부터 도장을 보호하고 도장의 광택을 더욱 돋보일 목적으로 사용하는 제품들을 모두 아울러 '왁스'라고 통칭하고 있음을 미리 밝혀둔다.

왁스 성분에 따른 구분

왁스가 그토록 다양한 이유는 주성분뿐만 아니라 첨가물에 약간의 변화만 줘도 왁스 특성에 크고 작은 영향을 주기 때문이다. 왁스를 바르고 닦을 때의 작업성이나 물을 밀어내는 성질인 발수성, 왁스가 유지되는 내구성 등에 적지 않은 차이를 보이는 경우도 있으며, 사용자만 겨우 느낄 수 있는 미묘한 광택의 차이로 나타날 수도 있다.

카나우바 왁스

카나우바 왁스는 본디 '카나우바(carnauba)'라고 하는 브라질 북동부 지역의 토종 야자나무 잎에서 추출한 원료 상태의 왁스를 말한다. 자연에서 얻을 수 있는 가장 단단한 물질이며 녹는점 또한 가장 높다. 이 좋은 특성 때문에 자동차 왁스의 원료 중에서 으뜸으로 꼽힌다. 이 카나우바 왁스에 용제와 여러 첨가제를 녹여 만든 자동차 왁스가 카나우바 왁스다. 원료 이름이 그대로 완성품 이름이 된 것이다.

카나우바 왁스를 처음 써본다면 중저가(3~5만 원)의 왁스 중에서 무난한 평을 얻는 왁스로 시작해 보는 것도 나쁘지 않다.

카나우바 왁스의 특징은 물을 밀어내는 성질이 강해 도장면에 물방울이 떨어졌을 때 비딩(물방울이 구슬같이 동그랗게 맺힌 정도)이 뛰어나며, 도장의 색감을 짙게 해주는 동시에 촉촉하게 젖은 듯한 느낌을 연출한다. 왁스의 지속성은 주차 환경, 세차 주기, 날씨, 계절 등에 따라 다르지만 대개 1개월 내외로 보면 무리가 없다.

페인트 실런트

업계 전반에 걸쳐 페인트 실런트에 대해 합의된 정의는 없지만 디테일링 전문가, 디테일링 용품 제조사, 디테일링 쇼핑몰의 설명문 등을 종합하고 제품의 MSDS(물질안전보건자료)를 확인한 결과 다음과 같이 정의해 볼 수 있다. 페인트 실런트란 '도장 표면과의 분자 결합을 통해 견고한 폴리머 피막을 형성하여 외부 환경으로부터 도장을 보호하는 합성 코팅 물질'을 말한다. 도장 표면과의 분자 결합은 아미노 변성 실리콘(amino functional silicone)과 같은 커플링제(coupling agent)가 첨가됨으로써 가능하며, 이 성분은 실런트라고 이름 붙여진 대부분의 제품에 포함되어 있다. 카나우바 왁스의 피막이 도장 표면에 밀착되면서 얇게 붙어 있는 상태라면, 페인트 실런트는 커플링제의 역할로 도장 표면과 화학적으로 결합하는 방식이다. 카나우바 왁스와 마찬가지로 페인트 실런트는 바르는 것으로 끝나는 게 아니라 건조시킨 후 맑은 표면이 보일 때까지 문질러야 한다. 그렇게 해서 표면에 남게 되는 폴리머 피막의 두께는 도막 두께 측정기로도 측정할 수 없을 만큼 얇다. 아무리 뛰어난 실런트를 발라놨다고 할지라도 새똥이 떨어지면 발견하는 즉시 제거하는 게 상책이다. 실런트만 믿고 오랜 시간 방치하다간 도장이 갈라지거나 부식되어 완전한 복구가 불가능할 수 있기 때문이다.

페인트 실런트는 대부분 묽은 액체형이며, 바르고 닦아내는 작업성은 좋은 편이지만 간혹 제품에 따라 작업이 까다로운 경우도 있다. 작업성이 좋으면 내구성이 조금 떨어지고, 작업성이 까다로우면 내구성이 좋다는 게 통설이다. 페인트 실런트에서 올라오는 광택은 카나우바 왁스에 비해 맑고 밝은 편이다. 페인트 실런트의 지속성은 1~3개월 정도로 카나우바 왁스에 비해 조금 더 길다.

하이브리드 왁스

카나우바 왁스의 광택감과 페인트 실런트의 내구성을 얻고자 카나우바 왁스에 합성 폴리머를 첨가한 왁스를 하이브리드 왁스라 한다. 바르고 닦는 작업성은 좋은 편이며, 광택감과 지속성에 대한 평 또한 대체로 좋은 편이다. 다만 카나우바 왁스 고유의 광택감과는 차이가 있고, 지속성 면에서 페인트 실런트의 내구성보다는 조금 부족한 편이다.

합성 왁스

합성 왁스는 폴리에틸렌 왁스와 같이 화학적으로 합성한 왁스를 원료로 하여 만들어지며, 광택감이나 물성 변화를 위해 천연 왁스가 혼합되기도 한다. 합성 왁스는 천연 왁스만을 원료로 한 왁스보다 내열성과 내화학성이 좋은 편이지만 지속성엔 큰 차이가 없다. 일부 왁스 제조사들은 합성 왁스와 페인트 실런트를 혼용하여 제품 이름을 짓거나 제품을 설명하기도 한다.

유리막 코팅제

유리막 코팅제는 도장 표면에 유리의 주요 성분인 SiO_2(석영) 피막을 형성해 왁스나 페인트 실런트보다 강력한 보호력과 내구성을 갖는다고 알려져 있다. 해외에서는 석영을 뜻하는 쿼츠(quartz) 그리고 SiO_2가 원료인 세라믹(ceramic) 등의 단어와 합성해 쿼츠 코팅제, 세라믹 코팅제 등으로도 불린다. 오너용 유리막 코팅제라고 분류된 제품들 중에는 SiO_2 성분이 들어가 있지 않음에도 '유리와 같은 맑은 광택'에 초점을 둬 유리막이라는 표현을 비유적으로 사용하기도 한다.

유리막 코팅제는 왁스나 페인트 실런트에 비해 보호력이 좋은 편이다. 지속성은 짧게는 1년에서 길게는 5년 이상을 보증하는 제품도 있다. 그러나 유리막 코팅제라고 해서 좋은 점만 있는 건 아니다. 자동세차에 의한 흠집으로부터 자유롭지 않고, 표면에 흠집이 생겨 폴리싱할 경우 유리막 코팅을 부분적으로나마 재시공해야만 한다. 1회 시공 비용이 왁스나 실런트에 비해 매우 비싸다는 점도 빼놓을 수 없다. 따라서 손수 세차를 하고 왁스를 바르는 것에 재미를 느낀다면 유리막 코팅제보다는 왁스나 페인트 실런트를 권하고 싶다. 세차는 직접 하더라도 왁스를 바르는 것만큼은 피하고 싶다는 분에게는 유리막 코팅도 좋은 대안이 될 수 있다.

용도에 따른 구분

왁스 본연의 역할 즉, 광택감 향상과 도장 보호에 충실한 왁스가 있는 반면, 왁스 본연의 역할뿐만 아니라 세정력까지 두루 겸비한 왁스도 있다. 전자를 순수 왁스(pure wax)라 하고 후자를 클리너 왁스(cleaner wax) 또는 AIO(All In One)라 부른다.

순수 왁스

순수 왁스는 세정을 위한 별도의 클리닝 성분이나 연마제가 포함되지 않아 도장면이 깨끗한 상태에서 발라야 광택감과 발림성이 좋다. 왁스의 성분상 들어갈 수밖에 없는 용제나 계면활성제 등으로 인해 의도하지 않은 세정 효과를 볼 수는 있다.

세차 후에도 도장면이 깨끗하지 않다면 페인트 클리너나 폴리시 제품으로 도장면을 깨끗이 정리한 다음 순수 왁스를 사용하는 게 좋다.

클리너 왁스

왁스에 화학적인 클리닝 성분이나 미세한 연마 입자가 들어가 있어 왁스를 바름과 동시에 세차로 지워지지 않는 각종 얼룩이나 물때를 제거할 수 있으며, 스월마크 같은 아주 약한 정도의 흠집도 완화할 수 있다. 세차 후 페인트 클리너를 따로 사용할 여력이 없을 때 클리너 왁스를 사용하면 클리닝과 왁싱 또한 한 번에 해결 가능하다. 그러나 페인트 클리너보다는 클리닝 효과가 떨어지고, 순수 왁스보다는 광택감이나 보호력이 부족한 것은 어쩔 수 없다. 제품 이름만으로는 그 제품이 순수 왁스인지 클리너 왁스인지 구분하기 어렵지만 제품 설명에 클리닝 성분, 연마제, 스월마크 제거 등의 의미가 포함돼 있다면 클리너 왁스로 분류할 수 있다.

준비물

패드

왁스를 묻혀 바르는 패드를 '어플리케이터 패드'라고 하는데 줄여서 '어플'이라고 부르기도 한다. 왁스 패드에는 마이크로화이버 패드와 스펀지 패드가 있는데, 물처럼 점도가 낮은 왁스는 스펀지에 흡수되는 양이 많으므로 마이크로화이버 패드와 어울린다. 고체

마이크로화이버 패드(좌)와 스펀지 패드(우)

형과 어느 정도의 점도가 있는 액체형 왁스에는 스펀지 패드를 쓰면 무난하다.

타월

건조된 왁스층을 완전히 닦아내고 맑은 도장면이 나타날 때까지 문지르는 것을 버핑(buffing)이라고 한다. 이때 쓰는 타월이 버핑 타월이다. 버핑이 아주 쉬운 왁스가 있는

반면 약간 힘을 줘 천천히 버핑을 해야 닦이는 왁스가 있다. 타월이 너무 얇으면 손의 압력이 도장면에 그대로 전달돼 미세한 흠집이 생길 수 있으며, 너무 두꺼우면 잘 접히지 않아 사용하기 불편하므로 약간의 쿠션감이 느껴지는 타월을 한두 겹으로 접어 쓰면 좋다. 집에서 쓰는 타월은 대개 뻣뻣해 왁스 버핑에 적합하지 않으므로 버핑용 타월을 구입해서 쓰자.

왁스 바르기 좋은 조건

같은 왁스를 두고 사람마다 다른 경험을 할 때가 있다. 다들 쉽게 바르고 쉽게 닦아냈다고 하는데 왜 나는 어렵기만 한 걸까 하고 속앓이를 할 수도 있다. 그럴 때 기온과 습도 그리고 도장면의 온도 같은 환경적인 부분부터 따져봐야 한다.

기온

도장 표면이 차가울수록 왁스가 건조되는 시간이 오래 걸린다. 특히 영하의 기온에서는 왁스가 마를 줄을 모른다. 기온이 낮을 때 왁스를 바르면 건조가 덜 된 상태에서 왁스를 닦아낼 가능성이 커지며, 이런 경우 왁스 피막이 정상적으로 형성되기 어렵다. 왁스 잔여물을 깨끗이 닦아내는 것도 쉽지 않다. 기온이 낮은 겨울철이라면 오전이나 저녁보다는 기온이 오르는 한낮에 왁스를 바르자.

기온이 낮은 것도 문제지만 높은 것도 문제다. 도장 표면이 뜨거울 때 왁스를 바르면 왁스의 솔벤트 성분이 빨리 휘발돼 버핑 시 가루 날림이 심하고, 왁스 성분들의 과열 현상으로 왁스가 잘 닦이지 않을 뿐더러 도장면에 얼룩을 남길 수 있다. 따라서 한겨울을 제외하고는 햇빛이 내리쬐는 곳은 피해야 한다. 한여름엔 그늘이나 지하 주차장이 왁스 바르기에 좋다. 디테일링 전문가들의 의견을 종합해 보면 영상 10~28℃ 범위의 기온이 왁스 바르기에 무난하다.

습도

적정 기온이라도 습도가 높으면 추울 때와 마찬가지로 왁스가 좀처럼 마르질 않는다. 왁스 바르기에 적정한 습도는 40~60% 정도다. 비 오는 밤 지하 주차장에서 왁스를 발라놓고 왁스가 마르기를 하염없이 기다린 적도 있었다. 비 오는 밤 지하 주차장의 습도는 70%를 넘기기도 한다. 그런 날 어쩔 수 없이 왁스를 발라야 한다면 차 전체에 왁스를 발라놓고 한 패널씩 왁스가 마를 때까지 부채질하면 도움이 된다.

실전 왁싱

❶ 패드 준비

스펀지 패드가 무난하나 점도가 낮은 액체형 왁스라면 마이크로화이버 패드를 써도 무방하다. 마른 상태의 패드에 왁스를 묻혀 발라도 좋으나 패드를 촉촉하게 만들어 쓰는 방법도 괜찮다. 표면에 물을 가볍게 한두 번 분사하거나, 패드를 아예 물에 적신 다음 물기를 꽉 짜서 패드를 촉촉하게 만들면 된다. 이렇게 하면 왁스를 부드럽게 바를 수 있어 얇고 균일하게 도포되며 왁스 사용량도 줄일 수 있다.

❷ 패드에 왁스 묻히기

고체형 왁스라면 패드를 왁스 표면에 둥그렇게 문질러 패드 전체에 왁스를 골고루

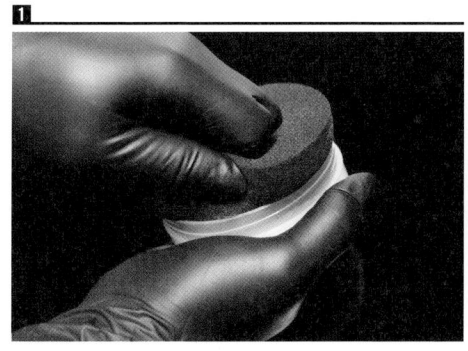

패드에 고체형 왁스 묻히기

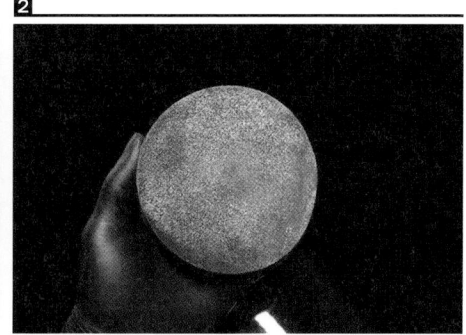

패드에 고체형 왁스가 골고루 묻은 모습

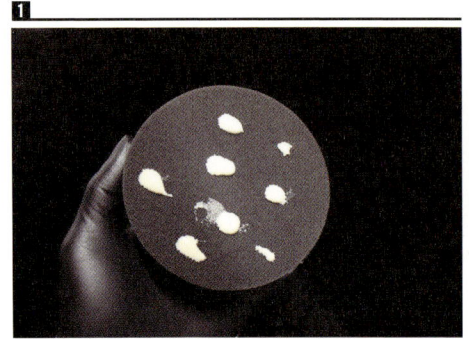 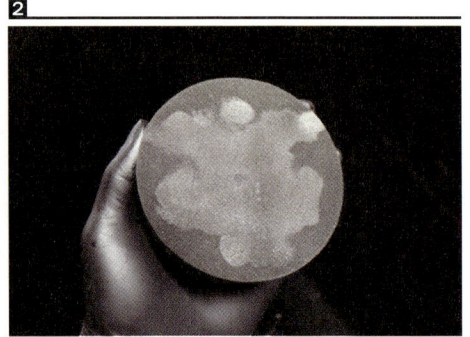

패드에 액체형 왁스 묻히기　　　　　　　　　패드에 액체형 왁스가 골고루 묻은 모습

묻힌다. 액체형 왁스는 패드에 콩알만큼씩 골고루 떨군 후 패드를 반으로 접어 왁스가 패드 전체에 고르게 묻어나도록 한다.

❸ **왁스 바르기**

왁스를 얇고 균일하게 바르려면 왁스를 적게 써야 한다. 많은 양으로 넓은 면적을 바르는 것보다 적은 양으로 좁은 면적을 바르는 게 낫다. 좁은 면적을 기준으로 바르다 보면 실제로는 생각했던 것보다 조금 더 넓은 곳까지 바를 수 있을 것이다. 자연히 왁스가 얇게 발리는 셈이다.

왁스를 얇게 바르지 않으면 몇 가지 문제가 생길 수 있다. 첫째, 왁스를 두껍게 바르면 제품 설명서상의 건조 시간을 충족시킨다 할지라도 왁스 건조가 덜 이뤄질 가능성이 높다. 건조가 덜 된 상태에서 버핑할 경우, 왁스의 피막이 견고하지 못해 타월에 닦이게 된다. 당연히 왁스 본연의 지속성과 보호력을 기대하기 어렵다.

둘째, 왁스가 두껍게 발린 것을 감안해 장시간 건조시킨 후 버핑할 경우, 도장면에 맞닿아 형성된 얇은 왁스 피막 이외의 나머지 왁스층은 타월에 닦이게 된다. 이때 마르고 두꺼운 왁스층을 벗겨내다 보니 왁스 분말도 날린다. 더러 버핑이 까다로워지기도 하는데 힘을 줘 버핑하다 보면 타월로 인해 스크래치가 생길 수 있다.

왁스 도포 방향에 대해서는 제조사마다 차이를 보인다. 어떤 제조사는 직선 방향으로 바르도록 권유하며 또 어떤 제조사는 둥글게 원을 그리며 바르라고 안내한다. 기본적으로 도장 면이 깨끗하고 품질 좋은 패드를 사용한다면 도포 방향은 별문제가 되지 않는다. 중요한 건 앞서 말한 대로 왁스를 얇고 균일하게 바르는 것이다.

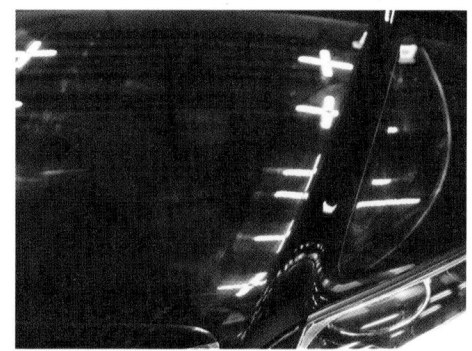

왁스는 가능한 얇고 균일하게 발라야 한다

내가 추천하고 싶은 방법은 직선과 원형의 혼합이다. 기본적으로는 직선 방향으로 가볍게 왁스를 바른다. 바르다 보면 균일하지 않거나 왁스가 제대로 묻지 않는 곳이 생기는데 이때는 왁스가 완전히 펴 발라지도록 여러 번 부드럽게 돌려가며 발라준다. 마지막으로 왁스가 두텁게 발리거나 뭉친 곳이 없도록 직선 방향으로 부드럽게 펴 바른다.

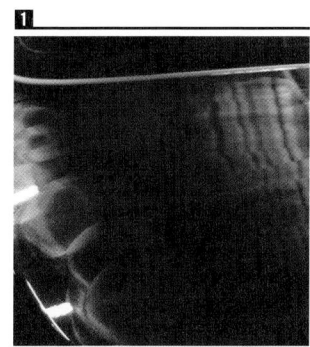

직선 방향으로 가볍게 왁스를 바른다

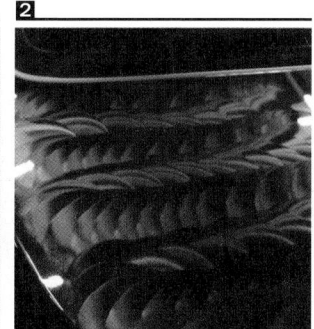

그다음, 둥글게 원을 그려가며 왁스를 골고루 바른다

마지막으로, 왁스가 두껍게 발려진 곳이 없도록 직선형으로 펴 바른다

TIP. 핸드 왁싱법

핸드 왁싱은 패드를 쓰지 않고 맨손에 왁스를 묻혀 차에 펴 바르는 것을 말한다. 그렇다고 아무 왁스로 핸드 왁싱을 해선 안 된다. 왁스에 섞인 용제의 독성이 강할 경우 피부 트러블은 물론이고 건강에 치명적일 수 있기 때문이다. 카나우바 함량이 높고 용제 함량이 낮은 왁스들은 패드를 써서 바르기가 쉽지 않아 제조사에 따라 핸드 왁싱을 주문하기도 한다. 왁스 패드로도 잘 발리는 왁스는 차와의 친밀도를 높이기 위한 목적이 아니라면 굳이 핸드 왁싱을 할 이유는 없다.
핸드 왁싱은 아래 순서로 진행한다.

❶ 왁스를 엄지손톱만큼 떼어내 손바닥에 묻힌다.

❷ 손에 온기가 올라올 정도로 양손을 비비면 왁스가 자연스럽게 녹아 약간 찐득한 오일처럼 바뀐다.

❸ 도장면은 대체로 연약해서 아기 몸에 로션을 발라준다는 느낌으로 손바닥과 손가락 전체를 이용해 쓰다듬듯 발라야 한다. 손에 굳은살이 있다면 핸드 왁싱은 자제하는 게 좋다. 재도장한 차는 도장이 아주 무르기 때문에 손에 굳은살이 없더라도 핸드 왁싱 자체가 도장면에 미세한 흠집을 낼 수 있다.

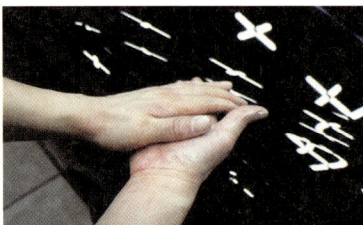

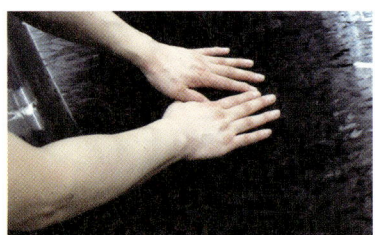

❹ 왁스에 따라 왁싱 후 바로 타월로 버핑하거나, 왁스 바른 표면이 하얗게 건조되길 기다렸다가 버핑한다.

왁스 닦아내기

왁스를 잘 닦아내는 방법은 그 왁스의 설명서를 따르는 것이다. 너무나 당연한 말이지만 이 부분을 간과하는 분들이 많다. 왁스를 바르고 얼마나 기다렸다 닦아내야 하는지는 왁스마다 다르다. 대략적인 시간으로 나타내기도 하고, 왁스 바른 자리가 뿌옇게 마를 때까지 기다렸다 닦아내라고도 한다. 기다릴 필요 없이 바로 닦아야 하는 왁스도 있다.

❶ 타월의 태그는 미리 제거한다. 타월이 아주 두껍다면 반만 접어서 써도 충분하나 그렇지 않다면 두 번 접어 쓰는 편이 좋다. 손의 압력이 도장면에 그대로 전달되면 타월이 아무리 부드러워도 미세한 흠집을 낼 수 있기 때문이다. 가급적 타월의 테두리 밴딩 부분이 도장면에 닿지 않도록 테두리 부분을 들어 올려 쥐자.

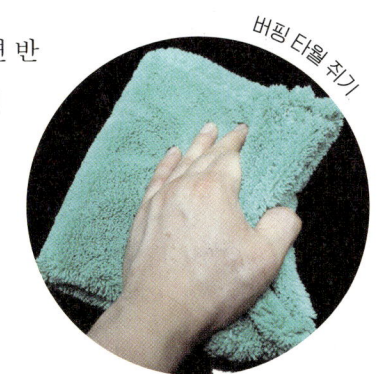
버핑 타월 쥐기

❷ 왁스를 바른 자리가 뿌옇게 마를 때를 기다렸다가 닦아내야 하는 왁스라면, 스와이프(swipe) 테스트를 해본 후 버핑 여부를 결정하길 권한다. 습도가 높은 날, 왁스의 표면 건조 시간은 평소보다 두 배 이상 걸리기도 한다. 따라서 절대적인 시간을 기준으로 닦아내는 건 바람직하지 않다.

스와이프 테스트는, 손가락 끝으로 도포된 왁스 표면을 살짝 닦아냈을 때 왁스가 번지지 않고 깨끗이 닦이는지 확인하는 것이다. 만약 손가락 끝이 지나간 자리에 왁스가 번졌다면 왁스 건조가 덜 된 상태이며, 깨끗이 닦였다면 왁스를 닦아내도 괜찮은 상태이다. 모든 왁스에 스와이프 테스트를 해야 되는 것은 아니며 왁스 사용 설명서상에 왁스 표면이 뿌옇게 변했을 때 닦아내도록 하는 왁스에 한해서 적용하면 된다.

❸ 왁스 특성에 따라 타월을 살짝만 대도 기다렸다는 듯이 아주 잘 닦이는 왁스가 있는 반면 열심히 닦아도 군데군데 흔적을 남겨 애를 먹이는 왁스도 있다. 문질렀을 때 타월이 밀리면서 왁스가 잘 닦이지 않을 때는 타월을 좀 더 바투 잡고 문지르되 넓은 면적을 길게 문지르려 하지 말고 좁은 면적을 짧고 천천히 문지르는 게 좋다. 타월이 밀릴 때 도장면 한가운데부터 닦는 것보다는 왁스가 발린 도장면의 귀퉁이

버핑 타월 바투 쥐기

끝에서부터 야금야금 닦아가는 게 요령이다.

이렇게 저렇게 해도 버핑이 까다로운 왁스를 만났다면 퀵디테일러 또는 그냥 물(정제수나 정수기 물 권장)을 가볍게 분사한 후 닦아내면 한결 수월하다. 왁스 피막이 경화되기 전에 물을 뿌려 닦는 방법은 왁스 피막 자체에는 좋은 영향을 주지는 않으므로 버핑이 아주 까다로운 경우에만 쓰기를 권한다.

❹ 왁스가 발린 도장 표면에는 미세한 결이 있다. 그 미세한 결의 방향은 타월이 지나간 방향과 같다. 결을 우리 눈으로 볼 수는 없지만 결의 방향을 일정하게 만들어주면 차의 윤곽이 더 뚜렷해지고 빛 반사도 일정해져 광택감도 더 좋아질 수 있다. 직선 방향으로 타월을 문질러 닦거나 둥그렇게 원을 그리며 닦되 마무리로 문지를 때는 왁스 표면의 결을 일정하게 만들어주기 위해 직선 방향으로 문지르는 게 좋다. 보닛, 루프, 트렁크리드 수평면과 같은 수평 패널은 차체의 긴 방향 즉, 보닛에서 트렁크리드 방향으로 왕복하며 마지막 버핑을 하고, 펜더, 도어, 트렁크리드 수직면과 같은 수직 패널은 위에서 아래 방향으로 왕복하며 마지막 버핑을 한다.

❺ 타월 한 장으로 차 한 대를 깔끔히 마무리하기는 어렵다. 어느 시점부터는 타월에 누적된 왁스 잔여물 때문에 닦아도 닦아도 왁스 자국이 남게 된다. 타월 두 장을 준비해 한 장은 왁스 잔여물의 대부분을 닦아내는 데(1차 버핑) 쓰고, 또 다른 한 장으로는 왁스 잔여물이 남지 않도록 최대한 깔끔하게 닦는 데(2차 버핑) 쓴다.

왁스 레이어링 원칙

왁스 레이어링(layering)은 1차 형성된 왁스 피막 위에 다시 왁스를 발라 왁스 피막을 층층이 쌓는 걸 말한다. 효과적인 보온을 위해 얇은 옷을 여러 겹 껴입는 것과 비슷한 개념이다. 한 번의 왁싱으로 도장 표면에 왁스 피막을 균일하게 형성하기는 매우 어렵다. 레이어링은 균일하지 않은 왁스층을 보완하는 데 의미를 부여할 수 있다. 그러나 레이어링을 하지 않는다고 해서 왁스 효과가 부족한 건 아니다. 어떤 왁스든지 한 번의 왁싱으로 본연의 효과를 기대할 수 있어야 한다. 레이어링은 어디까지나 선택 사항이다.

레이어링 방법은 간단하다. 시간 차를 두고 왁스를 두 번 바르면 된다. 여기

왁스 레이어링을 마친 차량

서 바른다는 의미는 왁스를 바른 다음 건조시키고 닦아내기까지의 전 과정을 의미한다. 아래의 몇 가지 원칙만 염두에 둔다면 딱히 어려울 것은 없다.

❶ 순수 왁스로 해야 한다.

클리닝 성분이 들어 있는 클리너 왁스로 레이어링하면 클리너 왁스에 의해 먼저 형성된 1차 왁스 피막이 크게 훼손될 수 있으므로 레이어링 효과는 떨어질 수밖에 없다. 레이어링은 반드시 클리닝 성분이 들어 있지 않은 순수 왁스로 해야 한다. 왁스 설명서에 도장면의 얼룩이나 물때를 제거할 수 있다거나, 스월마크와 같은 미세한 홈집을 제거하거나 완화할 수 있다고 나와 있다면 클리닝 성분이 들어 있는 클리너 왁스로 볼 수 있다.

❷ 1차 왁싱 후 경화 시간을 지켜야 한다.

경화 시간이란 왁스 피막이 견고하게 안정화되기까지는 걸리는 시간을 말하며, 1차 왁싱 후 경화 시간이 지난 다음 2차 왁싱을 해야 한다. 왁스를 두세 번 바르는 레이어링에서 경화 시간을 지키는 건 아주 중요하다. 왁스 피막의 경화가 끝나지 않은 상태에서 왁스를 또 바르면 경화 중이던 왁스 피막은 쉽게 뭉개지고 새로 발리는 왁스와 한데 섞여 다시 도장면에 발리게 된다. 페인트가 충분히 마르기 전에 페인

트를 덧바르면 처음 칠한 부위가 지워지고 처음처럼 다시 옅게 칠해지는 것과 같은 이치다.

경화 시간 역시 건조 시간과 마찬가지로 주변의 온도와 습도에 영향을 받기 때문에 가변적이다. 왁스 경화에 관한 자료들을 종합해 보면 짧게는 여덟 시간부터 길게는 이틀까지 소요된다고 한다. 제조사에서 특별히 경화 시간을 명시하지 않았다면 12시간 정도를 기준으로 삼는 게 보편적이다. 경화가 충분히 되지 않으면, 타월로 세게 문질러도 왁스 피막이 손상될 수 있다. 세정력 있는 퀵디테일러는 왁스의 경화를 방해하는 요소가 될 수 있으므로 주의해야 한다.

❸ **2차 왁싱은 가볍게 바르고 가볍게 닦는다.**
1차 왁스 피막이 완전히 경화된 상태라 하더라도 레이어링을 할 때 둥글게 원을 그리며 힘을 줘 왁스를 바르면 1차 왁스 피막이 훼손될 가능성은 얼마든지 있다. 그러므로 레이어링을 할 때에는 가급적 적은 양의 왁스를 사용해 직선 방향으로 가볍게 바르는 게 좋다. 타월로 버핑할 때에도 힘을 줘 닦지 말고 가볍게 직선 방향으로 여러 번 반복해서 닦는 게 낫다.

❹ **레이어링 왁스 공식을 지켜라.**
1차 왁스와 2차 왁스가 다른 종류라면 지속성이 더 좋은 왁스를 1차 왁스로 쓴다. 페인트 실런트와 카나우바 왁스를 혼용해서 쓸 경우에는 1차 왁스로 페인트 실런트를, 2차 왁스로 카나우바 왁스를 사용한다. 페인트 실런트는 클리어코트와의 분자 결합을 통해 왁스 피막이 도장 표면에 접착되는 방식이므로 카나우바 왁스 다음으로 바를 경우 페인트 실런트의 지속성을 기대하기 어렵다.

레이어링을 위한 조언

❶ **레이어링에도 수확체감의 법칙이 적용된다.**
레이어링을 하면 할수록 만족도는 점점 감소한다. 레이어링에 소요되는 시간과 노

력 등을 감안한다면 과도한 레이어링은 의미를 갖기 어려울 수 있다. 따라서 레이어링은 2~3회로 충분하다고 생각한다.

❷ **야외에 주차한다면 무리하게 레이어링할 필요는 없다.**
1차 왁스 피막의 경화를 위해 적어도 여덟 시간 이상을 야외에 주차한다면 크고 작은 먼지들로 도장면이 뒤덮이고 만다. 이 상태에서 왁스를 덧바를 수는 없기 때문에 레이어링을 위해 다시 샴푸 세차를 하거나 고압수 세차를 하기도 한다. 왁스 피막은 그리 강력하지 않다. 햇볕을 오래 쬐거나 강한 압력을 받아도 약화된다. 물론 세차(고압수, 카샴푸, 미트질)에 의해서도 훼손된다. 고압수에 왁스 피막이 흠씬 두들겨 맞고, 샴푸 미트질로 유분이 닦여 나가고, 다시 헹굼 고압수에 신나게 두들겨 맞는다. 레이어링을 위해 이제 막 경화된 피막을 손상시키는 것이다. 한껏 약화된 피막 위로 새로운 왁스 피막을 만드는 게 과연 효과적인 레이어링일까? 불완전한 레이어링보다는 제대로 한 번 바르는 게 나을 수 있다.

❸ **레이어링이 항상 성공적인 건 아니다.**
페인트 실런트와 카나우바 왁스를 병행해 레이어링하거나 서로 다른 페인트 실런트로 레이어링하는 경우도 적지 않다. 이때 왁스 간의 특성이 부정적으로 작용해 광택을 저하시키거나, 버핑 후 얼룩을 남기기도 한다. 즉시 확인하기는 어렵지만 지속성에도 해를 끼칠 수 있다. 그러므로 사용자들로부터 문제가 발견되지 않은 검증된 왁스들을 사용해서 레이어링하는 게 안전하다.

❹ **레이어링은 필수가 아닌 선택이다.**
정상적인 왁스라면 한 번의 시공으로도 본연의 성능을 발휘해야 한다. 레이어링은 본연의 성능에 약간의 이점을 더할 수 있을 뿐 그 자체의 성능을 좌우하지는 못한다. 그러나 자동차 디테일링 애호가라면 한 번쯤 시도해 그 효과성을 직접 판단해 볼 만한 옵션임에는 틀림없다.

투명한 유리 만들기

닦기에 관한 한 자동차 유리는 집 거울이나 유리창과 별반 다르지 않다. 유리용 세정제를 뿌리고 타월로 문지르는 정도만 해도 드라이빙에는 전혀 지장이 없다. 그래서일까? 여러 자동차 오너 매뉴얼들을 뒤져봐도 유리 관리를 다루는 별다른 내용이 없다. 그런데 그 존재를 느낄 수 없을 만큼 깨끗한 유리를 원한다면 이야기는 달라진다.

준비물

유리 세정제

유리를 닦는 데 유리 세정제가 항상 필요한 건 아니다. 외부 유리는 세차하면서 카샴푸로 닦고, 내부 유리는 물기를 꽉 짠 세차용 융으로 꼼꼼히 닦는 것만으로도 충분히 깨끗해진다. 유리 세정제를 쓴다면 암모니아 성분이 없는 제품을 쓰는 게 좋다. 암모니아 성분은 틴팅(선팅) 필름의 접착력을 떨어뜨리고 틴팅 필름을 손상시킬 수 있다. 유리 세정제가 없다면 직접 만들어 써도 괜찮다. 스프레이 통에 물(정제수나 정수기 물 권장) 200ml, 약국용 알코올(소독용 에탄올) 200ml, 식초 15ml를 담아주면 쓸 만한 유리 세정제가 된다.

타월

세차용 융, 올이 짧은 루프형 마이크로화이버 타월, 유리용 와플형 타월 등을 추천한다.

세차용 융은 유리 세정제를 쓰지 않고 물기를 꽉 짠 상태로 유리를 닦을 때 좋고, 유리 세정제를 쓸 때는 루프형 마이크로화이버 타월이나 유리용 와플형 타월이 좋다.

왼쪽부터 세차용 융, 루프형 마이크로화이버 타월, 유리용 와플형 타월

외부 유리 닦기

외부 유리는 도장면과 마찬가지로 미트질을 하고 고압수를 쏘는 것만으로도 웬만한 오염은 제거된다. 세차 후 물 얼룩이 남아 있다면 물기를 꽉 짠 세차용 융으로 닦거나, 유리 세정제를 살짝 뿌리고 마른 타월로 닦으면 쉽게 없앨 수 있다. 와이퍼의 고무(블레이드)는 세차하면서 미트로 부드럽게 닦고 세차 후 젖은 타월로 가볍게 물기를 닦아주면 와이퍼의 수명을 더 늘릴 수 있다. 이처럼 기본 세정만으로도 대부분의 오염 물질을 제거할 수 있지만, 유리 세정제로 닦아도 시야가 답답하고 유리의 존재가 느껴진다면 조금 더 섬세한 클리닝이 필요하다.

넓은 부위

페인트 클리닝에 쓰는 클레이바는 유리면의 섬세한 클리닝에도 효과적이다. 기본 세정이 끝난 상태의 유리면을 손끝으로 가볍게 문질러봤을 때 매끄럽지 않고 미세한 이물감이 느껴진다면 클레이바를 이용한 클리닝을 추천한다.

세차하면서 유리면에 클레이바를 쓴다면 카샴푸 희석액을 윤활제로 쓰고, 세차장 이외의 장소에서는 그냥 물을 스프레이 통에 담아 쓰면 된다. 물이라서 유리 아래쪽으로 흘러내려도 별 부담이 없을 뿐더러 유리는 도장면과 달리 윤활에 그리 민감하지 않기 때

클레이바로 유리 클리닝하기

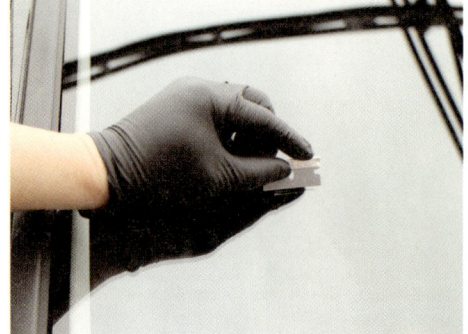
단면도로 유리 클리닝하기

문이다. 클레이바가 움직이는 데 불편하지 않을 정도만 중간중간 물을 뿌려주면 된다. 나머지 사용법은 페인트 클리닝 시 클레이바 사용법과 같다. 클레이바 사용 후에는 유리 세정제로 마무리한다.

좁은 부위

유리의 좁은 부위에 세차만으로 제거되지 않은 이물질이 단단히 붙어 있다면 단면도를 유리면에 45도 정도로 비스듬히 기울여 부드럽게 문지르면 어렵지 않게 떼어낼 수 있다. 단면도의 날이 고르지 않거나 녹이 슬었을 경우 유리에 상처가 생길 수 있으므로 날이 깨끗한 단면도를 사용해야 한다. 단면도는 단단하게 굳은 나무 수액, 스티커 자국, 데칼(decal) 등을 제거할 때 효과적이다.

실내 유리 닦기

전면 실내 유리

전면 실내 유리는 쉽게 더러워질 뿐만 아니라 깨끗이 닦아내는 것도 까다롭다. 원인 중 하나는, PVC 소재로 덮인 대시보드를 비롯해 비닐이나 플라스틱 재질의 내장재들에 함유된 가소제(plasticizers)가 기체로 방출되어 유리에 흡착되기 때문이다. 실내 온도가 높아질수록 가소제 방출이 증가하는데, 폭염 속 실외에 차를 세워두면 가소제 방출이 촉

유리 가장자리를 먼저 닦는다

아래쪽 깊숙한 곳은 손바닥을 뒤집어 닦는다

진된다. 가소제는 비닐, 플라스틱 표면의 유연성을 유지하는 역할을 맡고 있기에 외부로 방출될수록 재질 표면은 그만큼 푸석해지고 윤기를 잃게 된다. 여름철 부득이 밖에 주차하는 일이 많다면 햇빛 가리개나 대시보드 커버를 씌우고 공기가 순환될 수 있도록 유리창을 살짝 열어놓는 게 좋다.

전면 실내 유리를 닦을 때는 처음부터 유리 세정제를 쓰는 대신 물기를 꽉 짠 세차용 융으로 닦는 걸 권한다. 세차용 융만으로 세정이 부족하다면 유리 세정제를 써서 닦는다. 올이 짧은 마이크로화이버 타월이나 유리용 타월에 유리 세정제를 3~4회 분사하되 대시보드에 유리 세정제가 튀었다면 바로 닦아내야 한다. 순서는 유리의 가장자리를 먼저 닦은 후 안쪽을 닦는다. 전면 유리의 아래쪽 깊숙한 곳을 닦을 때는 계주 선수가 바통을 이어받을 때처럼 손바닥을 위로 한 채 손을 뒤로 길게 뻗어 닦는다. 다른 자세도 가능하지만 이 자세가 깊은 곳을 닦기에 수월하다. 축축한 세차용 융으로 닦거나 유리 세정제를 써서 닦은 후 마른 타월로 한 번 더 문지른다.

후면, 측면 유리

후면 유리를 닦을 때는 열선과 같은 방향으로 타월을 문질러야 열선 손상을 예방할 수 있다. 후면 유리의 깊숙한 안쪽을 닦을 때에도 손바닥을 위로 향한 채 손을 뒤로 길게 뻗어 닦는다.

후면 유리는 열선과 같은 방향으로 문지른다   창문을 10cm쯤 열어놓고 유리 끝부분을 닦는다

측면 유리 닦기는 유리창을 5~10cm쯤 내려놓고 시작한다. 창문 위쪽 끝부분은 몰딩에 숨어 있는 곳이라 놓치기 쉽기 때문이다. 유리창을 내린 상태에서 세정을 마쳤으면 유리창을 완전히 올린 후 아랫부분을 세정한다.

유막 제거

유리가 마른 상태에서는 깨끗해 보이다가도 물에 젖기만 하면 호랑이 줄무늬 모양의 뿌연 자국을 드러낸다면 백발백중 유막으로 볼 수 있다. 유막이 끼면 비 오는 날 와이퍼를 아무리 작동해도 시야가 흐려 운전하는 데 굉장히 불편할 뿐만 아니라 밤에는 안전을 심각하게 위협하므로 유막이 확인되면 바로 제거해야 한다.

유막 제거제는 그 속에 포함된 연마제와 클렌징 성분이 유막을 포함한 각종 얼룩들을 물리적으로 벗겨내고 화학적으로 녹임으로써, 유리 표면에서 빛의 난반사를 일으키는 모든 이물질들을 제거하는 방식으로 작용한다. 제품에 따라 연마제와 클렌징 성분의 비율이 다르며 연마제 비율이 높은 제품은 유막 제거 성능은 좋지만 유리 제거제가 말랐을 때 가루 날림이 심하고 잘못 사용하면 유리에 흠집을 낼 수 있다. 클렌징 성분 비율이 높은 제품은 유막 제거 성능은 떨어지지만 가루 날림이 적고 물리적인 자극이 적어 유리에 비교적 안전하다.

유막 낀 전면 유리

치약도 대안이 될 수 있다. 치약에도 치아의 플라크를 제거하기 위한 연마제가 포함돼 있기 때문이다. 다만 유막의 상태에 따라 효과가 부족할 수 있다. 크롬이나 메탈 폴리시 제품에도 연마제가 들어 있으므로 옵션이 될 수 있다. 미국의 디테일링 브랜드 마더스(Mothers)는 자사의 크롬 폴리시(광택제) 제품으로 유막을 안전하게 제거할 수 있다고 공식적인 채널을 통해 밝힌 바 있으며, 전문가용 디테일링 제품을 공급하는 미국의 올브라이트(Allbrite)는 크롬과 유리에 쓸 수 있는 크롬&유리 폴리시 제품을 공급하고 있다. 그러나 모든 메탈 폴리시 제품들이 유리에 안전하다고 볼 수는 없으므로 메탈이나 크롬 폴리시 제품을 유리에 쓰고자 한다면 먼저 테스트용 유리면에 문질러보고 흠집이 생기지 않는지 반드시 확인해야 한다. 도장용 폴리시도 유리면에 사용할 수 있으나 수작업으로는 효과가 제한적이어서 폴리셔(광택기)로 작업해야 제대로 된 효과를 볼 수 있다.

유막 제거 요령

❶ 먼저 유리면을 깨끗이 세정해야 한다. 유리면 세정 후에도 유리 표면이 거칠게 느껴진다면 클레이바를 써서 유리 표면의 이물질들을 먼저 제거하는 게 좋다.

❷ 1회 작업 면적은 전면 유리를 8등분한 면적이다. 핸드 폴리싱으로 작업할 경우 1회 작업 면적을 너무 넓게 잡으면 집중력 있는 폴리싱이 어려워 유막이 남아 있을 수 있다.

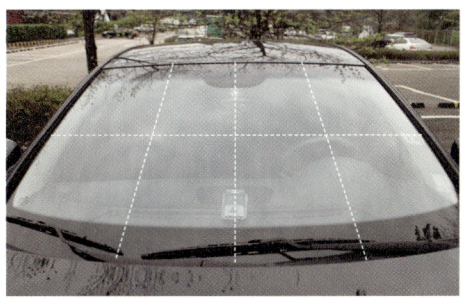

전면 유리를 8등분으로 나누어 작업한다

❸ 연마제 비중이 높은 유막 제거제가 고무의 미세한 기공 사이에 끼면 닦아내기 상당히 어려우므로 고무 몰딩이 닿지 않는 범위 내에서 문지르거나 고무 몰딩에 마스킹테이프를 붙인 후 문지른다. 고무 몰딩에 유막 제거제가 묻었다면 타월에 유리 세정제를 묻혀 바로 닦아내는 것이 좋다.

유막 제거 전 마스킹

❹ 핸드 폴리싱용 스펀지 패드에 유막 제거제를 100원짜리 동전 크기로 떨어뜨리고 패드를 원형으로 회전하며 왼쪽에서 오른쪽으로, 오른쪽에서 왼쪽으로, 위에서 아래로, 아래에서 위로 겹치게 움직인다. 아래 그림은 머신 폴리싱과 핸드 폴리싱 작업 시, 빈틈없이 작업 면을 폴리싱하기 위한 패드 이동 패턴으로, 유막을 제거할 때도 효과적이다. 사진에서처럼 이동 경로가 절반 정도 겹치도록 줄 간격을 유지하는 것이 포인트.

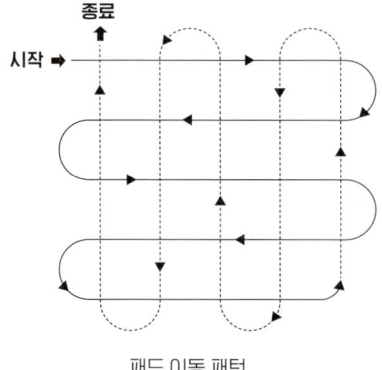

패드 이동 패턴

유막 제거 핸드 폴리싱

❺ 유막을 제거할 때는 왁스 바르듯 설렁설렁 문질러서는 효과가 없다. 때를 닦는다는 느낌으로 패드에 어느 정도 힘을 줘 문질러야 한다. 패드의 회전 반경이 작을수록 폴리싱 효과가 좋아지고 팔과 어깨에 무리가 적다. 또한 패드 이동 경로의 중첩 비율은 높을수록 효과가 좋으니 최소 50% 이상 겹치도록 문지르는 게 좋다.

❻ 적절한 작업 횟수는 테스트로 확인할 수 있다. 패드 압력이 너무 강하면 체력 소모가 크고 유리에 흠집이 생길 수도 있기에 체력 소모가 많지 않은 범위에서 적당한 압력으로 문질러보고 얼마나 반복해서 문질러야 유막이 제거되는지 확인하자. 유막 제거제로 문지르면 숨어 있던 유막이 모습을 드러내므로 유막 흔적이 보이지 않을 때까지 유막 제거제로 문질러야 한다. 유막이 제대로 제거됐다면 유막 흔적이 보이지 않을 뿐만 아니라 유리 표면에 유막 제거제가 고르게 발린다. 패드를 원형으로 회전해서 유막 흔적이 사라지지 않는다면 직선 방향으로도 강하게 문질러보자.

❼ 유막 제거제를 닦아내는 방법은 제품마다 약간의 차이가 있다. 마른 타월로 유리 일부분을 닦았을 때 가루 날림이 많고 뻑뻑하다면, 우선 젖은 타월로 가루가 날리지 않도록 닦아낸 다음 마른 타월로 유리 세정제를 뿌리며 닦아낸다. 처음부터 마른 타월로 닦아도 가루 날림이 적다면 젖은 타월을 쓰지 않아도 무방하다.

❽ 젖은 타월로 문지르거나 유리 세정제를 뿌리고 타월로 천천히 닦았을 때, 물층이 깨지지 않고 내부가 깔끔하게 보이면 유막이 제거된 것으로 볼 수 있다.

유막이 깨끗이 제거된 상태

유리 발수 코팅

유리에 물이 닿았을 때 물방울을 형성하지 않고 물이 넓게 퍼져 서서히 흘러내리는 것을 친수 현상, 유리에 물방울이 둥그렇게 형성되어 재빠르게 흘러내리는 것을 발수 현상이라 한다. 친수 현상이든 발수 현상이든 비가 적당히 오는 날엔 운전에 큰 방해가 되지 않는다. 다만, 폭우가 쏟아질 때 친수 현상은 와이퍼를 아무리 빨리 움직여도 시야가 울렁거려 운전이 불가능한 상황에 이르기도 한다. 미국 미시건대학교 교통연구소에 따르면 비가 오는 상황을 시뮬레이션해 전면 유리에 발수 코팅을 했을 때와 그렇지 않은 때의 운전자 시력을 비교한 결과, 발수 코팅했을 때 시력이 현저하게 향상돼 사물의 구체적인 형태를 인지하는 시간 또한 빨라졌다고 한다. 따라서 발수 코팅을 꺼리는 특별한 이유가 없다면 전면 유리에는 발수 코팅을 하는 게 무난하다.

발수 코팅 시 가급적 유막을 완전히 제거하는 것이 좋다. 때로 도장용 왁스로 발수 코팅을 하기도 하는데 가능하면 유리 전용 발수 코팅제를 쓰길 권한다. 도장용 왁스는 지속성이 떨어지고 와이퍼를 작동했을 때 왁스 피막이 번져 유리에 뿌연 자국을 남길 수 있다.

발수 코팅제를 바르고 와이퍼 떨림 현상을 경험한다는 분들도 있다. 여러 원인이 있겠지만 유막을 완전히 제거하지 않은 상태에서 발수 코팅을 했거나, 와이퍼 블레이드가 경화돼 부드럽지 않거나, 와이퍼 암에 변형이 생겼을 때 와이퍼 떨림 현상이 일어날 수 있다. 정성껏 바른 발수 코팅제를 제거하기 전에 와이퍼 블레이드를 교체하거나 와이퍼 암의 각도를 먼저 점검해 보자.

발수 코팅제 바르기

STEP 3
휠 클리닝

휠의 외관을 위협하는 여러 요인들 중 심각한 문제를 일으키는 것은 브레이크 분진과 겨울철 도로에 뿌려지는 제설제다. 이들을 방치하면 휠 표면이 좀먹거나 심한 얼룩을 남겨 회복이 불가능할 수도 있다. 브레이크 분진은, 브레이크 패드와 브레이크 디스크가 마찰하면서 갈려 나오는 쇳가루, 탄소섬유, 접착 성분 등이 휠 표면에 누적된 것으로, 접착 성분에 의해 끈끈하기도 하거니와 뜨거운 상태로 묻었다가 식는 과정에서 분진의 부착력은 더욱 강해지기 때문에 시간이 지날수록 고압수와 카샴푸만으로는 완벽하게 세정하기 어려워진다. 거의 모든 자동차 오너 매뉴얼에서 카샴푸와 같은 중성세정제를 이용한 휠 세척을 권장하고 있지만 현실은 그리 만만하지 않다.

겨울철 제설제로 쓰이는 염화칼슘 또는 염화마그네슘은 비도장 금속 표면에 더욱 부식성이 강해 차체의 하부뿐만 아니라 크롬 휠, 비도장 알로이 휠에 특히 더 해롭다. 오죽하면 휠 전문가들조차 겨울철엔 크롬 휠을 떼어내고 도장된 알로이 휠을 끼우라는 조언을 할 정도니 말이다. 그러나 지뢰밭을 걸어도 지뢰의 위치만 알고 있다면 무사히 빠져나갈 수 있는 것처럼 휠에 무엇이 위험하고, 그것을 어떻게 다뤄야 하는지 알고 있다면 휠을 좋은 상태로 오래 유지하는 것 또한 그리 어렵지 않다.

브레이크 분진

휠의 종류

휠을 소재로 구분하면 크게 스틸 휠과 알로이 휠로 나눌 수 있지만, 오로지 휠을 관리하는 관점에서 보면 휠의 소재보다는 마감 종류에 따라 구분하는 게 유의미하다. 여기서는 휠의 대부분을 차지하고 있는 알로이 휠, 크롬 휠, 스퍼터링 휠, 폴리시드 알로이 휠에 국한해 설명하고자 한다.

알로이 휠		알로이(alloy) 휠의 소재는 알루미늄합금이지만 소재를 보호하기 위해 클리어코트(투명 페인트)로 마감돼 있다. 한 달에 두 번 이상 자주 세차하는 편이라면 카샴푸 희석액과 브러시만으로도 세척이 가능하지만 세차 주기가 길고 오염이 심한 경우 중성, 약산성, 약알칼리성 휠 클리너를 사용하는 것이 좋다. 강산성이나 강알칼리성 휠 클리너는 아주 심하게 오염된 휠에 단발성으로 사용할 수는 있으나 일상적인 세차에는 권하지 않는다.
크롬 휠		전통적인 크롬 휠은 알로이 휠에 니켈이나 구리로 전기도금한 후 마지막에 크롬을 전기도금하는 방식으로 제작된다. 오염이 심하지 않다면 카샴푸 희석액으로 세척하되 오염이 심한 경우에는 중성 휠 클리너 또는 크롬 휠 전용 클리너를 써야 한다.
스퍼터링 휠		진공증착 방식으로 제작되는 스퍼터링(sputtering) 휠은 외형적으로는 크롬 느낌이 물씬 풍기지만 진공증착 피막이 마모에 약해 파우더 클리어코트로 마감된다. 이 때문에 스퍼터링 휠에 크롬 휠 전용 클리너를 썼다간 낭패를 볼 수 있다. 스퍼터링 휠은 카샴푸 희석액, 중성 휠 클리너, 스퍼터링 또는 PVD 휠 전용 클리너 등을 써서 휠을 세척해야 한다. 자동차 브랜드에서 공급하는 크롬 느낌의 휠은 대부분 스퍼터링 휠이다.
폴리시드 알로이 휠		폴리시드 알로이 휠은 알로이 표면을 연마해 크롬같이 화려한 광택을 자랑하지만 알로이 표면이 외부에 그대로 노출돼 있어 페인트 마감 휠과 크롬 휠에 비해 더욱 세심한 관리가 필요하다. 산성 또는 강알칼리성 휠 클리너 사용 시, 휠 클리너가 닿은 부분이 뿌옇게 변색될 수 있으므로 카샴푸 희석액, 중성 휠 클리너, 비도장 알루미늄 휠 전용 클리너 등을 써서 휠을 세척하는 게 좋다. 폴리시드 알로이 휠을 크롬 휠로 착각할 수도 있으니 주의를 요한다.

휠 클리너 종류

산성 휠 클리너

산성 휠 클리너는 브레이크 분진의 금속 성분들을 부식시켜 빠르고 강한 세정력을 보인다. 일부 강산성 휠 클리너는 브러시질 없이 휠 클리너를 뿌리고 고압수로 헹궈내기만 해도 휠 세척이 가능하다는 점을 강조하기도 한다. 약산성 휠 클리너라면 어떤 종류의 휠에 써도 크게 문제 될 것은 없지만 강산성의 휠 클리너거나 강도를 알 수 없는 산성 휠 클리너라면 폴리시드 알로이 휠, 스퍼터링 휠, 아노다이즈드(anodized) 휠 등에는 쓰지 않는 것이 좋다. 또한 크롬 휠의 경우 사용에 주의를 요한다. 맥과이어스(Meguiar's), 마더스, 이글원(Eagle One)과 같은 저명한 브랜드의 크롬 휠 전용 클리너는 강산성 제품이 대부분이지만 크롬 휠에 안전하다는 표시가 있는 산성 제품만 크롬 휠에 쓰는 것이 안전하다.

알칼리성 휠 클리너

알칼리성 휠 클리너는 비산성(non acid) 클리너로 불리기도 한다. 산성 휠 클리너에 비해 브레이크 분진에 대한 세정력은 약한 편이지만 브러시로 문질러 세척하면 해결된다. 금속을 부식시키는 성분이 포함된 제품도 있으므로 알칼리성 휠 클리너라 해서 모든 휠에 안전한 건 아니다. 알칼리성 휠 클리너는 부식성 알칼리 성분의 포함 유무나 산성도에 따라 적용 가능한 휠의 종류가 달라지는 편이니 순정 알로이 휠 이외의 휠에 대해서는 제품 설명서를 확인하거나 제조사에 문의한 후 사용하는 게 안전하다.

예를 들자면, 맥과이어스 논 애시드(non acid) 휠&타이어 클리너는 pH13.5의 강알칼리성 제품으로, 클리어코트로 마감된 순정 알로이 휠 외에 크롬 휠에도 안전하다고 제품 설명서에 표시돼 있으나, 맥과이어스 핫 림스 휠&타이어 클리너는 논 애시드 휠&타이어 클리너와 거의 같은 pH임에도 클리어코트로 마감된 순정 알로이 휠에만 사용하도록 제품 설명서에 표시돼 있다. 또한 오토글림(Autoglym) 커스텀 휠 클리너는 pH12의 강알칼리성 제품임에도 순정 알로이 휠뿐만 아니라 크롬 휠, 폴리시드 알로이 휠, 아노다이즈드 휠 등 모든 휠에 안전하다고 제품 설명서에 안내되어 있다.

중성 휠 클리너

중성 휠 클리너는 산성도에 영향을 미치는 성분을 넣지 않거나 미량만 넣고 계면활성제 성분을 위주로 한 휠 클리너이다. 산성, 알칼리성 휠 클리너에 비해 세정력은 떨어지는 대신 모든 휠에 안전한 편으로, 카샴푸 희석액보다 조금 더 나은 세정력을 보인다. 만약 자신이 보유한 차량의 휠이 어떤 종류인지 알 수 없다면 중성 휠 클리너를 쓰는 게 가장 안전하다.

중성 휠 클리너 중에는 티오글리콜산나트륨(sodium thioglycolate) 성분을 주성분으로, 강력한 철분 제거 성능을 지닌 제품들이 있다. 이런 제품들은 클리너액이 철분과 반응해 철분을 물에 쉽게 씻기는 상태로 변환시키는 동시에 클리너액이 진한 보라색으로 변하는 특징이 있다. 철분 제거력을 가진 중성 휠 클리너 사용 시, 클리너액이 마르기 전에 반드시 충분히 헹궈야 한다. 티오글리콜산나트륨 성분을 포함한 휠 클리너는 비록 중성이거나 중성에 가깝긴 하지만 인체에는 상당히 해로우므로 취급 시 반드시 보호장갑을 착용하고 가급적 냄새를 맡지 않는 게 좋다.

철분과 반응해 보라색으로 변한 휠 클리너

휠 클리너 유해성

세차장에 세차 중인 차가 몇 대만 있어도 휠 클리너와 타르 제거제 냄새로 숨 쉬는 것조차 불편할 때가 많다. 어느 땐 속이 메스꺼워 서둘러 세차를 마치고 세차장을 빠져나가기도 한다. 휠 클리너에 종종 쓰이는 불화수소암모늄(ammonium bifluoride) 성분은 코로 흡입하거나 만졌을 때 당장은 별다른 자극을 느끼지 못하지만 아주 천천히 폐와 콩팥 같은 내장 기관을 손상시켜 증상을 느낀 시점에는 회복이 어려울 수 있다. 1997년 캐나다 밴쿠버에서 세 살배기 아기가 불화수소암모늄이 든 휠 클리너를 삼키고 한 시간 반 만에 사망하기도 했다. 이렇게 치명적인 성분이 어디 불화수소암모늄뿐이겠는가. 세척력이 강할수록 인체에는 위험한 경우가 대부분이다. 무분별한 휠 클리너 사용은 본인뿐만 아니라 다른 사람에게도 큰 피해를 줄 수 있으므로 가능하면 고압수, 카샴푸 희석액, 브러시를 이용해 가볍게 휠을 세척하되, 휠 클리너 사용이 불가피한 상황이라면 니트릴 소재의 고무장갑을 꼭 끼고 브러시로 문지르거나 고압수로 헹굴 때 휠 클리너액이 눈에 튈 수 있으므로 가능하다면 보안경 착용을 권한다. 중성 휠 클리너라고 할지라도 눈에 튀면 치명적일 수 있다.

휠 클리너 사용법

어떤 휠 클리너가 세척도 잘되고 휠에도 안전할까? 해답을 찾기 위해 쇼핑몰, 인터넷 카페, 블로거들의 후기 등을 살펴보면 대개 이런 결론에 도달한다. '산성 휠 클리너는 부식성이 있어 휠과 브레이크 시스템에 좋지 않다. 대안으로 비산성 또는 알칼리성 휠 클리너가 있지만 세정력이 약하고 순정 알로이 휠 이외에는 부작용이 있을 수 있다. 그러므로 가장 안전한 클리너는 중성 휠 클리너다.'

잘못된 주장은 아니지만 지나친 안전주의 때문에 내려진 획일화된 결론이 아닐까 싶다. 휠 마감 종류의 특성과 맞지 않은 휠 클리너를 쓰거나, 아직 식지 않은 휠에 휠 클리너를 뿌리거나, 휠 클리너를 뿌리고 너무 오랫 방치하는 등 휠 클리너를 잘못 사용해 생긴 문제가 휠 클리너의 문제로 와전되는 경우도 있으니 참고하자.

❶ **휠이 차가울 때 휠 클리너를 뿌려야 한다.**

뜨거운 상태는 말할 것도 없고 미지근한 상태도 주의해야 한다. 휠과 휠 클리너의 종류에 관계없이 적용되는 사항이다. 상황이 여의치 않으면 휠이 미지근해질 때까지 기다린 후 고압수를 뿌려 휠의 온도를 떨어뜨리거나 휠 세척을 세차의 마지막 순서로 미루는 게 안전하다.

휠이 뜨거울 때 휠 클리너를 뿌려서 생긴 얼룩

❷ **휠 클리너를 뿌리고 기다리는 시간은 제품 설명서를 따라야 한다.**

약품이 표면과 반응할 때까지 기다리는 시간을 드웰링 타임(dwelling time)이라고 하는데 제품 설명서에 드웰링 타임이 기재된 제품보다는 기재되지 않은 제품이 더 많다. 제품 설명서에 기재된 드웰링 타임은 최소의 의미가 아닌 '최대'의 의미로 해석하는 게 안전하다. 만약 제품 설명서에 드웰링 타임이 기재되지 않았다면 휠 클리너를 뿌린 후 1~2분 내에 헹궈내자. 참고로 드웰링 타임이 1분 이내인 제품도 있으니 제품 설명서를 반드시 확인해야 한다.

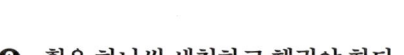
휠 클리너를 오래 방치해서 생긴 얼룩

❸ **휠은 하나씩 세척하고 헹궈야 한다.**
네 개의 휠을 다 세척한 후 물로 헹구는 방식은 안전하지 않다. 휠 클리너, 휠 마감 종류와 상태에 따라서 문제가 생길 수 있기 때문이다. 너무 늦게 헹굴 때 생길 수 있는 문제는, 휠 클리너를 너무 오래 방치할 때 생기는 문제와 같다. 휠을 하나씩 세척하고 헹구기 위해서는 나름의 요령이 필요하다. 셀프 세차장에서 휠을 하나씩 세척하고 그때마다 고압수로 헹구는 건 현실적으로 어렵다. 깨끗한 물을 스프레이 통에 담아 그때그때 헹구거나 휠 헹굼용 버킷을 따로 준비하는 방법도 있다. 단, 카샴푸로 휠을 닦는다면 이런 문제에 있어서는 비교적 자유롭다.

실전 휠 클리닝

클리닝은 어떤 대상이든 간에 약한 것부터 시작하는 게 정석이다. 휠 브러시를 고를 때도 휠 표면에 흠집을 낼 정도로 모가 뻣뻣한 제품은 피하는 게 좋다.

❶ **고압수 세정**
고압수를 휠에서 30~40cm 떨어뜨려 분사하는 것만으로도 상당한 세척 효과가 있다. 휠 클리너를 먼저 뿌린 다음 고압수로 헹궈내는 방식이 더 보편적이지만, 휠에

열이 남아 있고 얼룩이나 백화 현상 같은 휠 클리너 부작용이 조금이라도 염려된다면 고압수로 1차 세정도 하고 휠 표면도 식히는 방식을 추천한다. 고압수 세척 후 휠의 오염 상태를 보고 카샴푸 희석액과 휠 클리너 중 어떤 것으로 세척할지 판단해도 좋다.

❷ 카샴푸 희석액을 이용한 세척

심하게 들러붙은 브레이크 분진이 없다면 카샴푸 희석액으로도 어렵지 않게 휠을 닦을 수 있다. 카샴푸 희석액은 카샴푸와 물을 1:20의 비율로 만들어 쓰거나 세차하고 남은 카샴푸 희석액을 써도 괜찮다. 카샴푸 희석액을 스프레이 통에 따로 만들어 쓴다면 브러시를 써서 문지르는 게 편하고, 세차하고 남은 카샴푸 희석액을 쓴다면 워시 미트가 사용하기 편하다.

❸ 휠 클리너를 이용한 세척

카샴푸 희석액으로 세척이 어렵다면 휠 클리너를 쓴다. 처음부터 휠 클리너를 쓸 수 있지만 카샴푸 희석액으로도 어렵지 않게 세척이 가능한 경우가 많다. 휠 클리너를 쓸 때는 제품의 사용 설명서를 꼼꼼히 확인하고 사용법대로 쓰는 게 매우 중요하다. 다시 한 번 강조하지만 보유한 차량의 휠에 안전한 휠 클리너인지, 휠 표면을 손으로 만져봤을 때 차가운 상태인지 반드시 확인해야 한다.

휠 클렌징

휠 클리너를 써도 얼룩이 남아 있거나 표면이 거칠 때 추가 작업이 필요하다.

클레이바를 이용한 휠 클렌징

클레이바

바디용 클레이바를 휠에도 쓸 수 있으며, 철분과 타르 등이 제거 가능하다. 휠의 종류에 관계없이 모든 휠에 안전한 방법이다.

클리닝 약제

손으로 만졌을 때 거친 느낌은 없지만 휠 표면의 광택이 깨끗하지 않을 때 쓸 수 있다. 단, 아노다이즈드 휠에는 사용을 권하지 않는다. 순정 알로이 휠과 스퍼터링 휠은 클리어코트로 마감되므로 바디용 클리너 왁스, 페인트 클리너, 연마력이 약한 오너용 컴파운드 등을 패드에 묻혀 윤기가 날 때까지 부드럽게 반복해서 문지른다.
크롬 휠, 폴리시드 알로이 휠은 클리어코트가 없는 비도장 금속 표면이므로 메탈 폴리시를 패드에 묻혀 윤기가 날 때까지 문지른다. 폴리시드 알로이 휠을 메탈 폴리시로 문질렀을 때 약제가 검게 변하는 것은 정상이다.

페인트 클리너를 이용한 휠 클린징

스틸울

스틸울(steel wool)을 사용할 수 있는 휠 종류는 크롬 휠뿐이다. 순정 알로이 휠, 스퍼터링 휠, 폴리시드 알로이 휠, 아노다이즈드 휠 등에는 미세한 스크래치를 만들어 표면 광택을 뿌옇게 만들 수 있으니 사용을 피하자. 000 또는 0000 등급의 마른 스틸울을 크롬 휠 표면에 문지르면 클레이바를 썼을 때 얻을 수 있는 효과를 보다 간단하게 누릴 수 있다. 스틸울을 쓸 때는 힘을 줘 문지르지 않고 가볍게 여러 번 움직여 때를 벗긴다. 크롬 휠이라도 세게 문지르면 휠 표면에 미세한 스크래치를 만들 수 있으니 주의해야 한다. 클레이바와 메탈 폴리시로 해결할 수 없는 경우에만 스틸울을 쓰는 편이 좋다.

스틸울

휠 왁싱

휠 왁스를 바르면 왁스 피막이 일종의 희생막 역할을 해 오염 물질에 의한 휠 표면 손상을 조금이라도 늦출 수 있으며, 브레이크 분진 등의 오염 물질이 휠 표면에 단단히 들러붙는 걸 막아 휠 세척이 조금 더 수월해진다. 그러나 휠 왁스 자체가 갖는 보호력은 그리 크지 않으므로 휠 왁스를 발라놓고 관리를 게을리 하는 것보다는 휠에 아무것도 바르지 않고 자주 세척하는 편이 훨씬 낫다. 브레이크 분진이 너무 심해 휠 관리에 어려움을 느낀다면 휠 왁싱이 분명 도움이 될 수 있지만 사용자마다 다른 경험을 할 수 있다. 다만 휠 왁싱은 휠 클리닝과 달리 어떤 종류의 휠에도 안전한 작업이므로 여력이 있을 때 해볼 만하다. 휠 왁싱용으로 바디용 왁스를 써도 무방하며 고온에 약한 카나우바 왁스보다는 고온에 강한 실런트가 지속력 면에서 유리하다. 물론 조금 더 나은 지속성을 원한다면 휠 전용 왁스를 써야 한다.

STEP 3
스톤칩과 터치업

스톤칩

스톤칩(stone chip)은 주행 중 앞 차의 타이어에서 튕겨 나온 잔돌이나 화물차의 낙하물이 차체에 부딪혀 도장이 찍히거나 떨어져 나간 부위를 말한다. 고속도로를 자주 달리고 스피드를 즐기는 오너에게 스톤칩은 피할 수 없는 운명과도 같다. 상세함과 유익함을 고루 갖춘 마쓰다(Mazda)의 오너 매뉴얼에 따르면 시속 90km의 속도로 주행할 때 스톤칩이 생길 수 있는 앞 차와의 거리는 50m라고 한다. 스피드를 포기할 수 없다면 보호 필름을 씌우거나 차간거리라도 최대한 넓게 유지해야 스톤칩 피해를 줄일 수 있다. 도장이 떨어져 나가 철판이 노출된 스톤칩이라면 반드시 조치가 필요하다. 시기를 놓치면 철판에 녹이 생기고 심각한 상황에 이를 수 있으므로 가능하면 발견 즉시 페인트를

보닛 아래쪽의 스톤칩

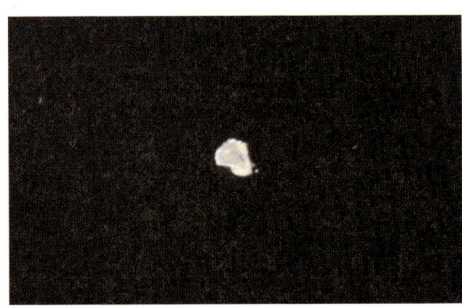

확대한 스톤칩

발라야 한다. 차가 더러운 상태에서는 스톤칩을 발견하기 어려우니 세차 후에 스톤칩이 있는지 매번 확인하고, 차에 터치업 페인트를 비치해 언제 어디서나 빨리 조치할 수 있도록 준비해 두는 걸 권한다.

외관에 관심이 많은 오너라면 스톤칩 복구에 적지 않은 노력을 기울이는 건 물론 최상의 복구를 위해 고난도의 기술도 마다하지 않을 것이다. 문제는, 난도가 높은 만큼 위험이 따르기 마련이고, 섣부르게 시도하다 안 한 것보다 못한 결과를 맞이할 수도 있다는 점이다. 이 책에서 좁쌀만 한 스톤칩을 다루는 데 많은 양의 지면을 할애하는 이유라 할 수 있다. 스톤칩 복구 과정은 크게 스톤칩 부위의 세정, 터치업, 터치업 평탄화로 나뉜다. 마지막 과정인 터치업 평탄화는 앞 과정인 터치업을 어떻게 하느냐에 따라 간단하게 끝낼 수도 있고, 고난도 기술이 필요할 수도 있다.

스톤칩 부위의 세정

세차 직후라면 별도의 세정 없이 스톤칩 부위가 완전히 마를 때까지 기다리면 된다. 스톤칩 부위가 더러운 상태라면 면봉에 알코올을 묻혀 닦거나 마스킹테이프를 스톤칩 부위에 붙였다 떼면서 이물질을 제거한 다음 알코올에 적신 면봉으로 닦아내는 게 좋다. 스톤칩 부위가 깨끗하지 않은 상태에서 터치업을 하면 페인트가 굳은 후 세차나 가벼운 충격에도 페인트가 다시 떨어져 나가기 쉽기 때문이다.

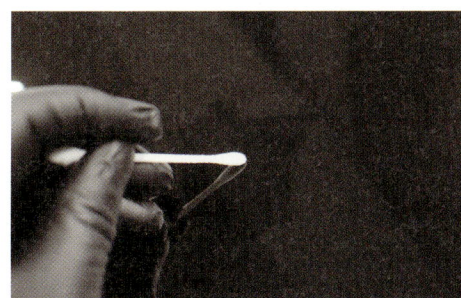

알코올에 적신 면봉을 이용한 세정

마스킹테이프를 이용한 이물질 제거

터치업 요령

터치업(touch-up)은 파이거나 긁힌 도장면에 보수용 붓페인트를 발라 도장면을 부분적으로 보수하는 걸 말한다. 가끔 터치업된 차가 눈에 띄어 들여다보면 깔끔하게 보수된 경우가 드물다. 터치업은 차에 대한 애정의 방증이긴 하지만 볼품없는 터치업은 차에 대한 애정에 금이 가는 원인이 될 수도 있으므로 요령을 반드시 숙지해야 한다.

❶ 가는 붓 또는 붓의 가는 부분을 이용할 것

정교한 터치업은 붓 끝에서 나온다. 상처가 작을수록 붓 끝은 세밀해야 한다. 미세 붓이 동봉된 터치업 페인트를 구입하거나 별도로 미세 붓을 마련하는 게 좋다. 둘 다 여의치 않다면 터치업 페인트의 기본 붓을 비스듬히 기울여 붓의 모서리 부분으로 터치업하는 것도 괜찮다.

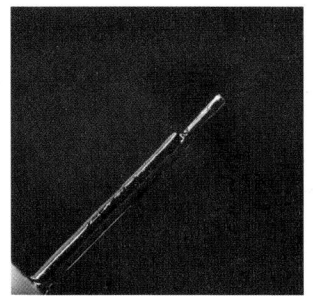
터치업 페인트 기본 붓

터치업 페인트에 동봉된 미세 붓

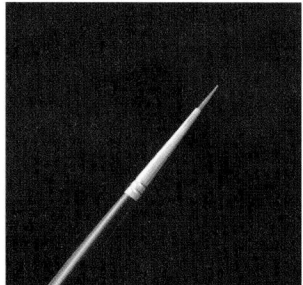
프라 모델용 미세 붓

❷ 부족한 듯 여러 번 나눠서 바르고 충분히 기다릴 것

1차 터치업 시, 붓 끝으로 상처의 안쪽을 먼저 터치한다. 상처 부위를 한 번에 덮으려 하지 말고 상처 부위가 튀어나오지 않게 부족한 듯 터치업하는 게 중요하다. 한 번에 끝낼 생각으로 넉넉히 페인트를 바르는 행동은 볼품없는 터치업으로 향하는 지름길이다. 터치업 페인트의 60~70%는 용제가 차지하므로 터치업을 한 직후에는 봉긋하게 페인트가 솟아올라 있어도 용제가 모두 휘발되면 페인트가 푹 꺼진다는 점을 명심하자.

프라 모델용 미세 붓으로 1차 터치업

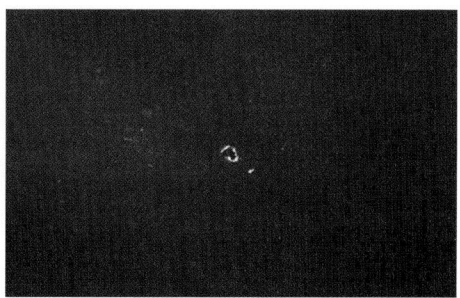
1차 터치업 후 스톤칩 상태

1차 터치업 후 페인트의 용제가 대부분 휘발되고 페인트가 어느 정도 굳을 수 있도록 30분~한 시간쯤 기다렸다가 2차 터치업을 한다. 이번에도 상처 안쪽을 중심으로 터치업하되 상처의 가장자리 또한 살짝 덮이도록 한다. 페인트가 굳었을 때 상처 부위보다 살짝 더 봉긋하게 올라오는 정도면 적당하다.

상처보다 살짝 올라온 터치업

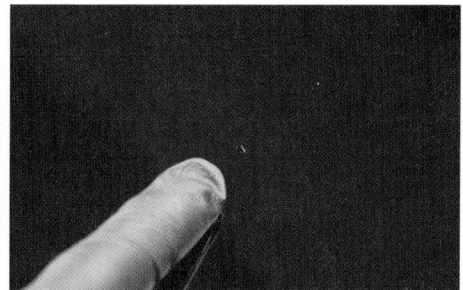
약간 떨어져서 본 2차 터치업 상태

터치업 평탄화

터치업 흔적을 최소화하기 위해 도장용 사포나 레벨링(leveling) 크림으로 볼록 솟아 있는 터치업 페인트를 평편하게 갈아내는 작업을 '평탄화' 또는 '레벨링'이라 한다. 터치업 평탄화를 위해서는 우선 터치업한 페인트가 단단히 마를 때까지 기다려야 한다. 여름철에는 1~2일이면 족하지만 겨울철엔 최소 3~4일은 기다리는 게 좋다. 터치업한 페인트가 단단하게 굳지 않은 상태에서 평탄화 작업을 하면 자칫 페인트가 뭉개지거나 떨어져 나갈 수도 있다.

미리 말해두지만 터치업을 했는지 안 했는지 구분하기 힘들 정도로 감쪽같은 평탄화를 기대하는 건 금물이다. 물론 도구, 방법, 스킬에 따라 개인차가 있다. 사포를 이용해 터치업 표면을 매끈하게 만드는 방법이 완성도 면에서는 더 높을 수 있으나 경험이 부족할 경우 잘못된 사포질로 오히려 도장을 망가뜨릴 수 있으며, 사포 자국을 없애기 위한 과정이 만만하지 않다. 또한 들인 노력과 시간에 비해 결과물 또한 완벽한 건 아니므로 사포를 이용한 평탄화 작업은 권하고 싶지 않다. 여기서는 오너들이 부담 없이 나름 섬세한 결과물을 얻을 수 있는 평탄화 방법을 소개한다.

준비물

레벨링 크림

폴리싱 컴파운드에 래커 시너를 소량 첨가한 것으로 터치업 페인트를 천천히 녹이면서 갈아낼 수 있다. 래커 시너와 폴리싱 컴파운드의 비율은 1:4~5 정도가 적당하다. 래커 시너의 비율이 높을수록 용해력은 좋아지지만 섬세하게 갈아내기 어려워진다. 물약 통에 폴리싱 컴파운드 20ml와 래커 시너 4~5ml를 넣고 잘 섞이도록 열심히 흔드는 게 만들기의 전부다.

초극세사 천

초극세사 천으로 포인트 카드나 신용카드 두세 장을 팽팽히 감아 쓴다.

실전 터치업 평탄화

❶ 팽팽하게 만든 초극세사 천의 윗부분에 레벨링 크림을 새끼손톱만 하게 묻힌다.

❷ 볼록 솟아오른 터치업 페인트 위로 살살 문지른다. 빨리 녹여서 평탄화하는 게 아니라 반복적으로 조금씩 녹여서 평탄화하는 게 포인트다. 직선 방향으로 왕복하며 문지르다가 초극세사 천에 페인트가 묻어 나오기 시작하면 여러 방향에서 골고루 문질러 터치업 페인트의 가장자리 턱을 낮춰야 한다. 초반에 여러 번 문질러도 아무런 반응이 없다면 정상이다. 계속 문지르다 보면 녹기 시작하는데 30회 넘게 문질러도 반응이 없다면 레벨링 크림을 다시 짜서 문지른다. 이렇게 해도 아무런 반응이 없다면 레벨링 크림에 래커 시너를 약간 더 첨가한다. 처음 몇 번 문질렀는데 초극세사 천에 페인트가 묻어 나왔다면 래커 시너의 비중이 너무 높거나 터치업 페인트가 덜 굳은 상태일 수 있으니 유의하자.

직선 방향으로 반복해 문지르기

초극세사 천에 묻어 나온 페인트

❸ 최종적으로 주변부보다 터치업이 미세하게 살짝 더 솟아오른 상태에서 마무리하자. 평탄화를 거친 표면이 공기에 노출되면 터치업 페인트의 높이가 미세하게나마 낮아질 수 있으며, 터치업 페인트의 표면을 더욱 매끈하게 만들기 위해 마무리 폴

리싱까지 하게 되면 표면은 여기서 조금 더 낮아진다.

❹ 레벨링 크림으로 평탄화한 터치업 페인트의 표면은 반짝이지 않는다. 표면이 미세하게 거칠어 빛이 난반사되고 있기 때문이다. 터치업 페인트의 표면을 더욱 매끈하게 만들고 평탄화 작업 중에 생

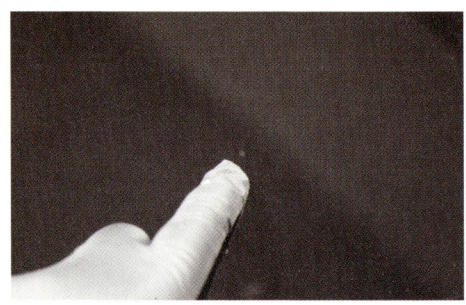

터치업 페인트가 약간 봉긋한 상태에서 평탄화 작업을 마무리한 모습

긴 도장면의 미세한 흠집이나 작업 흔적을 제거하기 위해서는 마무리 폴리싱을 해야 한다. 이때 폴리싱 전용 패드를 쓰는 게 좋으나 왁싱용 패드를 써도 무방하다. 폴리싱 약제는 스월마크 및 미세 흠집을 제거할 수 있는 제품이면 어떤 것이든 좋다. 맥과이어스 제품군으로는 클리어코트 세이프 폴리싱 컴파운드, 얼티메이트 폴리시, M205 울트라 피니싱 폴리시, 얼티메이트 컴파운드 등이 있으며, 멘제르나(Menzerna) 제품군으로는 SF4000, SF4500, PF2500 등이 있다.

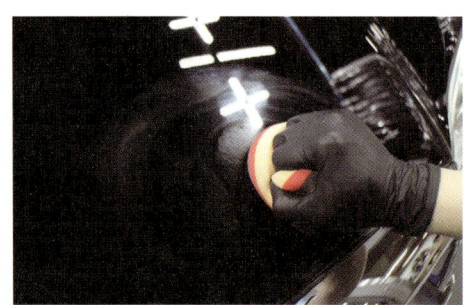

마무리 폴리싱하는 모습

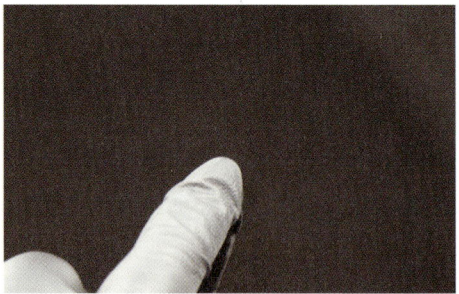

마무리 폴리싱 후 최종 결과물

엔진룸 클리닝

STEP 3

내가 보여주지 않으면 아무도 볼 수 없는 은밀한 엔진룸을 깨끗이 관리해야 할 이유가 있을까? 전문가들이 말하는 '깨끗한 엔진룸'의 실용적 가치는 이렇다. 첫째, 누유가 생겼을 때 금방 알아차릴 수 있고 누유 지점이 어디인지 확인하기 쉽다. 둘째, 부품에 쌓인 먼지와 기름때를 걷어냄으로써 엔진 내부 온도를 낮추고 엔진 효율을 높이는 효과가 있다. 셋째, 고무, 플라스틱 부품의 경화를 지연시켜 교체 시기를 연장할 수 있다. 부수적으로는 엔진룸이 깨끗하면 정비 입고 시 조금이라도 더 섬세한 손길을 기대해 볼 수도 있을 것이다. 내가 엔진룸을 닦는 가장 큰 이유는 그냥 깨끗한 엔진룸을 좋아하기 때문이다. 앞서 언급한 깨끗한 엔진룸의 실용적 가치는 내게 부수적인 효과에 불과하다.

여기서 제안하는 엔진룸 클리닝 방법은, 주차장 혹은 집 앞에서 주변 환경에 해를 끼치지 않으면서 할 수 있고 물을 적게 사용해 전기 장치에 안전하다. 또한 헹굼 없이 쓰는 린스리스(rinseless) 세차액으로 세정함으로써 세차액을 미처 닦아내지 못해도 엔진룸 내 고무나 플라스틱 부품에 미치는 영향을 최소화할 수 있다. 그 대신 어느 정도의 시간과 노력 그리고 몇몇 도구가 필요한 방법임을 미리 밝혀둔다.

준비물

엔진룸 클리닝은 특별한 기술이 필요하진 않지만 구석구석 들여다볼 수 있는 조명과 내부 구조에 맞는 도구가 매우 중요하다. 엔진룸은 보이는 만큼, 닿는 만큼 깨끗해질 수 있다.

린스리스 세차액

세정제

기본 세정제로 린스리스 세차액을 스프레이 통에 담아 사용한다. 린스리스 세차액으로 대부분의 오염을 세정할 수 있을 뿐만 아니라 세정액 성분이 고무나 플라스틱 표면에 남아 있어도 재질을 경화시키지 않아 브러시로 문지른 후 헹굴 필요 없이 타월로 닦아내기만 하면 된다. 린스리스 세차액으로 닦이지 않는 기름때는 엔진룸 세정제나 다목적 세정제를 뿌려 닦아낸다. 린스리스 세차액이 없다면 물 700ml, 퀵디테일러 50ml, 카샴푸 1~2ml를 혼합해 써도 무방하다.

타월

타월을 무한정 쓸 수는 없기에 키친타월을 같이 쓴다. 타월은 많을수록 좋지만 올이 짧고 얇은 마이크로화이버 타월로 서너 장 정도 준비한다.

브러시

칫솔만으로는 엔진룸을 닦는 데 한계가 있다. 닦는 부위의 형태와 깊이에 따라 그에 맞는 브러시를 쓸 때 더 쉽고 세밀하게 닦을 수 있다. 디테일링 브러시와 페인트 브러시는 넓고 평편한 면과 굴곡 있는 표면을 닦을 때 쓴다. 붓은 크고 작은 것을 한 가지씩 구비

엔진룸을 닦는 데 유용한 각종 브러시

하면 좋지만 중간 크기 하나로도 가능하다. 미니 휠 브러시, 미니 세척솔, 칫솔은 갖춰두면 깊고 좁은 틈새를 닦는 데 유용하다.

장갑

맨손으로 엔진룸을 구석구석 닦다 보면 상처가 나기 쉽다. 손이 안전해야 더 깊이 꼼꼼하게 닦을 수 있으니 라텍스 장갑이나 코팅 장갑을 착용하자.

랜턴

한낮의 야외에서 작업한다면 문제 될 게 없지만 조명에 의지하는 환경에서는 엔진룸의 먼지와 찌든 때가 잘 보이지 않아 작업 후 밖에서 확인하면 닦이지 않은 곳이 보이기 마련이다. 랜턴은 손으로 지지할 필요가 없는 헤드 랜턴이나 보닛에 부착할 수 있는 자석식 LED 랜턴이 편리하다.

자석식 LED 랜턴

엔진룸 드레싱제

엔진룸 드레싱의 목적은 두 가지로 요약할 수 있다. 고무, 플라스틱 부품들의 표면을 짙게 만들어 엔진룸 내부가 새것같이 보이게 하고, 부품 표면의 먼지 흡착력을 떨어뜨려 오염이 덜 되도록 만드는 것이다. 여기에 고무, 플라스틱 재질에 해롭지 않다는 점만 충족한다면 어떤 제품이든 엔진룸 드레싱으로 쓸 수 있다. 타이어 광택제도 좋고 고무, 플라스틱 트림 디테일러도 좋다. 다만 투명하고 찐득한 솔벤트 기반의 드레싱 제품은 먼지가 잘 붙고 고무, 플라스틱을 경화시킬 가능성이 있으므로 묽은 우윳빛의 수성 기반 드레싱 제품을 추천한다.

커버링

엔진룸 내부의 장치들은 대부분 물에 안전하도록 설계돼 있어 빗길 주행 시 노면으로부터 튀는 물과 세차 중 유입되는 물에도 안전하다. 심지어 세차장 고압수로 엔진룸 내부를 휘갈겨도 아무 문제가 없다며 시범을 보이는 사람들도 있다. 고압수는 물체와의 각도와 거리에 따라 전달되는 물의 세기가 크게 달라진다. 고압수 총구로부터 30cm 이내의 거리는 밀폐된 부품 사이의 틈을 벌려 물기가 침투할 수 있으므로 적어도 50cm 이상의 거리를 두고 계속 방향을 바꿔가며 분사해야 수압에 의한 부작용을 줄일 수 있다. 또한 안전하게 고압수를 사용하더라도 만일의 경우를 대비해 에어플로센서(air flow sensor), 발전기(알터네이터), 배터리의 +단자, 퓨즈박스, ECU(Electronic Control Unit) 등은 비닐이나 알루미늄포일, 마스킹테이프 등으로 커버링하는 편이 좋다. 여기서 제안하는 엔진룸 클리닝 방법은 고압수를 쓰지 않고 스프레이로 분무하는 정도이므로 별도의 커버링은 불필요하나 연결이 느슨한 커넥터나 덮개가 파손된 부품이 있다면 포일 등으로 해당 부위를 커버링하는 게 바람직하다.

엔진룸 세척법

엔진이 미지근하거나 차가울 때 세정제를 뿌린다. 엔진이 뜨거우면 제대로 문질러보기도 전에 세정제가 말라버려 세정제 사용량이 많아지기 때문이다. 또한 고압수를 사용할 때는 엔진이 충분히 식었는지 확인해야 한다. 엔진이 뜨거울 때 찬물을 뿌리면 찬물이 닿은 부분이 급속하게 수축해 부품이 변형되거나 깨질 수 있으므로 주의해야 한다.
엔진룸을 닦기 전에 후드 안쪽 면을 먼저 닦는 걸 추천한다. 중앙에 후드 인슐레이터가 부착되었다면 흠뻑 적셔가며 힘을 줘 닦아서는 안 된다. 후드 인슐레이터의 접착력이 떨어져 후드와 인슐레이터 사이에 공간이 생겨 늘어질 수 있기 때문이다. 후드 안쪽 면은 도장 처리가 돼 있으므로 세정 후에도 남는 자국이 있다면 페인트 클리너, 마무리용 폴리싱 컴파운드 제품으로 문질러주면 깨끗해진다.

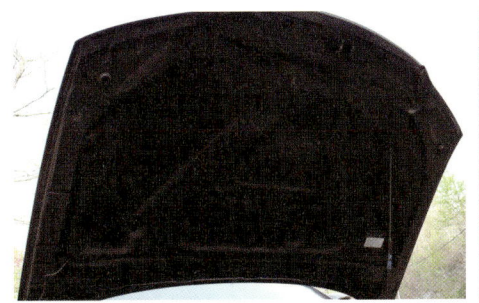
후드 안쪽부터 닦기

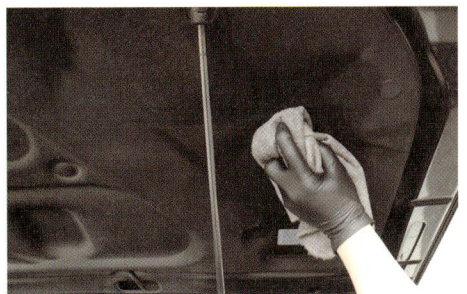
후드 인슐레이터 닦기

❶ **가상의 구획 나누기**

엔진룸은 가까이에서 들여다보면 손 갈 곳이 참 많다. 두서없이 닦다가는 결국 닿기 쉬운 곳만 닦게 된다. 사진에서처럼 엔진룸을 가상으로 분할해 한 곳씩 차례로 공략해보자.

엔진룸 구획 나누기

❷ **세정제 뿌리기**

세정제가 안개처럼 분무되도록 분무기를 조절한다. 한 번에 닦을 부분만 뿌리되 살짝 흘러내리는 정도가 좋다. 세정제가 많을 필요는 없지만 부족하지 않아야 때가 번지지 않고 잘 닦인다.

세정제가 살짝 흘러내릴 정도로 분무한다

❸ 기본 세척

닦을 곳의 위치와 모양에 알맞은 브러시를 쓰는 게 중요하다. 평편한 곳은 칫솔, 페인트 브러시, 디테일링 브러시 어떤 것을 써도 좋다. 굴곡이 있는 곳은 디테일링 브러시나 페인트 브러시가 제격이다. 좁고 깊은 홀에는 끝이 모아지는 브러시를 써야 한다. 브러시로 닦을 수 없는 틈새나 벽면은 미니 휠 브러시나 미니 세척솔을 쓴다. 이런 브러시들로도 닿기 어려운 좁은 공간은 세탁소 옷걸이를 변형해 타월을 감아 쓰면 제법 유용하다. 케이블이나 호스는 타월로 직접 닦는 게 편하다.

한자리에서 보이는 게 전부는 아니다. 앞범퍼 쪽에서 들여다볼 때와 양쪽 펜더 쪽에서 들여다볼 때가 다르므로 빈틈없는 세척을 위해 여러 방향에서 세척 상태를 확인하자.

평면이나 굴곡진 면 세척

좁은 틈새 세척

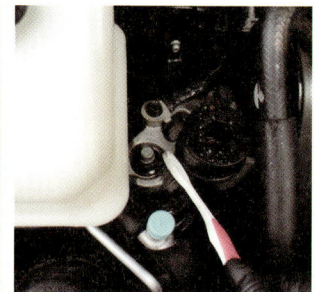
찌든 때 세척

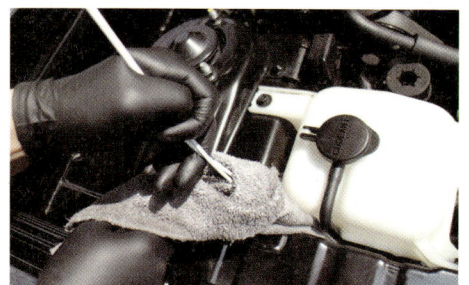
세탁소 옷걸이에 타월을 감아 깊고 좁은 공간을 닦는다

찌든 때를 닦아낼 때에는 키친타월이 유용하다

앞범퍼에서 본 엔진룸

펜더 쪽에서 본 엔진룸

조금 더 깔끔한 세척을 원한다면 어렵지 않게 탈착이 가능한 부품들은 떼어놓고 세척하는 것도 방법이다. 엔진 커버와 배터리를 떼어내면 자리를 차지하고 있던 주변의 깊은 공간을 모두 세척할 수 있어 만족도가 높다. 에어필터 커버, 퓨즈박스 커버 등은 모든 세척을 마친 뒤 떼어내 꼼꼼히 세척하고 고무, 플라스틱 보호제로 드레싱까지 해 조립하면 된다. 엔진룸 클리닝을 처음 시도하거나 익숙하지 않은 분들은 마음의 여유가 있을 때 시도하길 권한다.

세정제를 뿌리고 브러시, 칫솔 등으로 세척을 마쳤으면 타월로 세척 부위를 닦아낸다. 기본 세정제 즉, 린스리스 세차액으로는 세정이 부족하다면 엔진 디그리서(degreaser)나 다목적 세정제를 해당 부위에 뿌리고 브러시나 칫솔로 세척한다. 세척 후에는 타월로 깨끗이 닦되 엔진 디그리서나 다목적 세

배터리 분리 후 배터리 공간과 주변을 세척하는 모습

정제의 잔여물이 부품 표면에 남아 있지 않도록 린스리스 세차액을 가볍게 분사한 후 타월로 다시 한 번 깨끗이 닦아낸다. 마지막으로, 커버링한 곳이 있다면 커버링을 벗겨내고 세차액을 부품에 직접 뿌리는 대신 칫솔이나 브러시에 세정제를 적셔 조심스럽게 닦고 타월로 깨끗이 훔쳐낸다.

드레싱

린스리스 세차액으로 세정을 마쳤다면 고무와 플라스틱 표면에서 은은한 광택이 나기에 별도의 드레싱을 하지 않아도 무방하다. 그러나 드레싱제를 사용하면 더 짙은 색감과 매끈한 표면을 얻을 수 있다. 엔진룸 드레싱 방법은 간단하다. 엔진룸 내부에 드레싱제를 골고루 뿌리고 타월로 펴 바른 다음 표면이 매끈해질 때까지 문질러주면 끝이다. 이때도 가상의 구획을 정해 차례대로 문질러야 빠뜨리는 곳이 생기지 않는다. 세척할 때처럼 여러 방향에서 들여다보면서 드레싱제가 발리지 않은 곳이 없는지 확인한다. 드레싱제 특성에 따라서 뿌리고 난 후 타월로 닦아내지 않는 제품도 있으므로 사용 전 제품의 정확한 사용법을 확인하자.

고무, 플라스틱 보호제를 분사한다

광택이 날 때까지 타월로 문지른다

건조

시간 여유가 있다면 15~20분 정도 후드를 열어놓아 엔진룸 내부를 충분히 말리자. 잠시 시동을 걸어두면 팬에서 나오는 바람과 엔진 열이 더해지므로 10~15분 내에 좁은 틈의 물기까지 말릴 수 있다.

엔진룸을 닦다 보면 내가 닦고 있는 게 무엇인지 궁금해지기 마련이다. 나만 하더라도 엔진룸을 클리닝하면서 냉각수 보조 탱크, 파워스티어링 오일 탱크, 브레이크액 탱크, 퓨즈박스 같은 관심 밖의 부품들이 하나씩 눈에 들어왔다. 여러 부품들에 익숙해지면서

엔진 디테일링이 완성된 정면　　　　　　엔진 디테일링이 완성된 측면

냉각수 캡도 열어보게 되고, 누유가 없는지 엔진룸을 깊숙이 들여다보는 게 자연스러워졌다. 깨끗한 엔진룸이 좋아 클리닝을 시작한 것이 엔진룸을 일상적으로 점검하는 데까지 이른 것이다. 엔진룸에 관심은 갖고 싶은데 어렵게만 느껴진다면 엔진룸 클리닝부터 시작해 보자.

차를 살리는 디테일

STEP 3

헌 차가 헌 차로 보이는 이유는 '디테일'의 뭉개짐에 있다. 도장의 광택도 중요하지만 디테일이 살아 있는 차는 설령 광택이 뛰어나지 않더라도 새 차 같아 보인다. 새 차라고 생각했던 내 차가 어느 순간 낡아 보이거나 낡아버린 내 차를 새것처럼 만들고 싶다면 디테일에 그 해답이 있다.

차의 외관상 디테일은, 부위와 부위 사이의 몰딩, 와이퍼 암, 카울 커버, 엠블럼, 범퍼 그릴, 안개등, 도어캐치 같이 관심을 갖고 들여다봐야만 비로소 눈에 들어오는 곳들이다. 닦고 문지르는 것만으로도 효과가 있지만 부품 값이 저렴하고 복원 효과가 떨어지는 낡은 부품이라면 아예 새것으로 교체하는 것이 합리적일 수 있다.

고무 몰딩, 플라스틱 트림

기본 관리 방법

카샴푸 같은 순한 중성세제와 브러시를 이용해 꼼꼼히 세척하고 코팅제를 바르는 방식으로 관리한다. 코팅제는 고무, 플라스틱 전용 코팅제 또는 타이어 광택제를 바른다. 고무, 플라스틱, 비닐에 쓸 수 있는 제품은 서로 혼용해도 무방하다. 바르는 부위가 대체로 좁아 도장면에 닿지 않게 바르는 게 쉽지 않기 때문에 스펀지 패드, 타월, 칫솔, 키친타월 등 바르는 부위의 너비에 따라 적당한 도구를 쓴다. 유성 코팅제는 유분기가 많으므로 바른 다음 표면이 매끈해지도록 타월로 문지르는 게 좋다. 코팅제가 도장면에 묻었

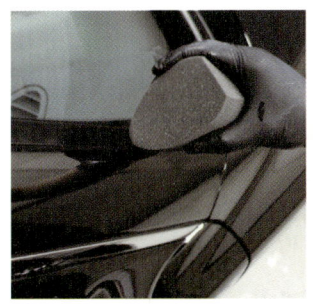  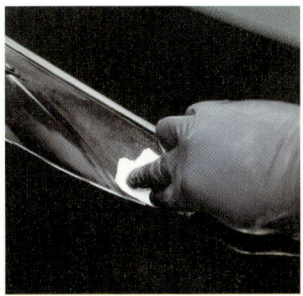

스펀지 패드로 코팅제 바르기　　타월로 코팅제 바르기　　키친타월로 코팅제 바르기

을 경우 퀵디테일러로 닦아낸다.

왁스 자국 제거

왁스질 중에 고무 몰딩이나 플라스틱 트림에 묻은 왁스 자국은 카샴푸로는 잘 지워지지 않는데 의외로 고무지우개로 문지르면 간단하게 해결되곤 한다. 종이에 대고 글씨를 지우듯 왁스 자국 위로 몇 번 문지르면 왁스 자국을 없앨 수 있다. 표면이 올록볼록한 플라스틱 트림에 묻은 왁스 자국은 APC(다목적 세정제), 유리 세정제, 소독용 알코올 등을 칫솔에 적셔 반복해 문지르는 방법이 효과적이다. 소독용 알코올은 고무지우개, APC, 유리 세정제 등으로 닦이지 않을 때만 사용하는 게 좋다.

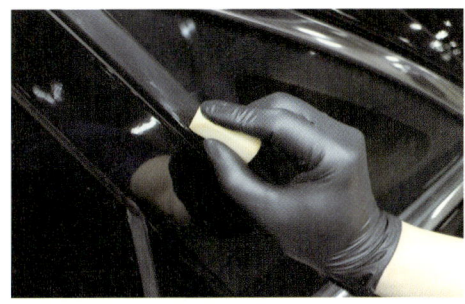 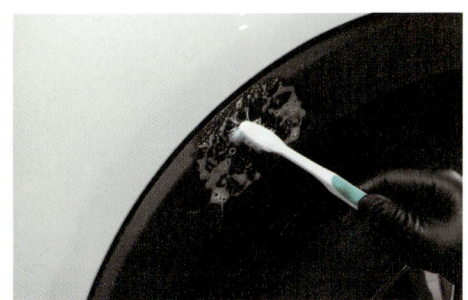

고무지우개로 문지르기　　　　　　　　APC에 적신 칫솔로 문지르기

크롬 가니시, 알루미늄 몰딩

기본 관리 방법

세차 후에도 크롬과 알루미늄 소재 표면에 얼룩이 남아 있다면 유리 세정제로 닦는다. 유리 세정제로 제거되지 않는 물때나 얼룩 등으로 표면이 탁할 때는 매직 블록이나 메탈 폴리시를 쓰면 도움이 된다. 매직 블록은 물에 적셔 물기를 적당히 짠 후 가볍게 문지르고, 메탈 폴리시는 타월이나 스펀지 패드에 묻혀 원형이나 직선 방향으로 약간 힘을 줘 문지르고 닦아내면 된다. 작업 후의 광택 효과는 매직 블록보다 메탈 폴리시가 뛰어나다. 메탈 폴리시가 없으면 치약이나 도장용 폴리싱 약제를 써볼 수 있지만 효과는 제한적이다(도장용 폴리싱 약제는 크롬이나 알루미늄 소재 표면에 쓸 수 있지만 반대로 메탈 폴리시는 도장면에 사용해서는 안 된다).

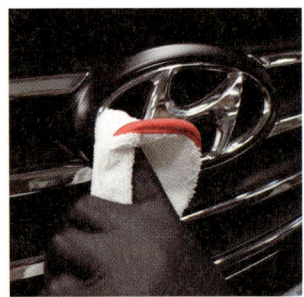
메탈 폴리시로 크롬 라디에이터 그릴 닦기

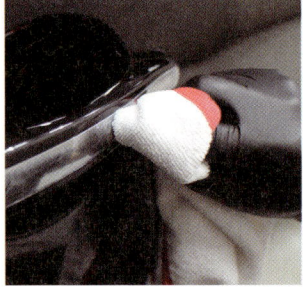
메탈 폴리시로 도어캐치 크롬 몰딩 닦기

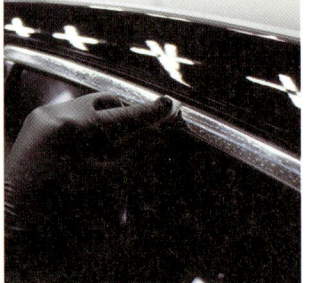
매직 블록으로 크롬 몰딩 닦기

스틸울 활용

스틸울은 유연하고 날카로운 철사를 솜처럼 엮은 것으로 일종의 철솜이다. 철사의 굵기에 따라 여덟 등급으로 나뉘는데 자동차의 크롬이나 알루미늄 부위의 세척에는 extra fine(000)이나 super fine(0000)이 적당하다. 메탈 폴리시로 여러 번 반복해서 문질러봐도 효과가 없을 때에만 스틸울을 사용하길 권장한다. super fine 등급이라도 힘을 줘 세게 문지르면 흠집이 생기기 때문에 주의를 요한다. 크롬이나 알루미늄 표면은 도장면과는 달리 표면에 흠집이 생기면 복구하기 매우 어렵다. 스틸울을 물이나 카샴푸 희석액에 흠뻑 적셔 쓰되 부드럽게 반복적으로 움직여야 흠집을 최소화할 수 있다. 조금 더 강한 클리닝이 필요할 때는 마른 스틸울을 쓰거나 스틸울에 메탈 폴리시를 묻혀서 문지른다.

스틸울 000(좌), 0000(우)

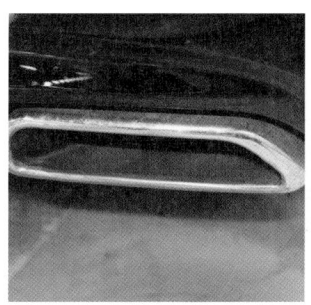
클리닝 전 머플러팁

스틸울로 문지르기

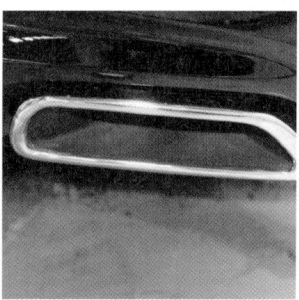
클리닝 후 머플러팁

레터링 엠블럼

기본 관리 방법

레터링 엠블럼은 틈새가 너무 좁아서 닦기 어렵다. 세차 시, 워시 미트만으로는 엠블럼 틈새에 낀 이물질들이 충분히 제거되지 않기에 세차 때마다 샴푸 희석액에 부드러운 브러시를 이용해서 닦아주는 게 제일 무난하다. 그러나 묵은 때는 샴푸 희석액으로는 잘 씻기지 않아 APC와 브러시를 이용해 여러 번 반복해서 문질러야 효과를 볼 수 있다. 이 방법도 통하지 않는다면 약국용 염산 한 뚜껑에 카샴푸 한 방울을 섞어 문질러보자. 여기서 소개하는 사례는 APC로 효과가 부족해 약국용 염산에 카샴푸를 섞어 만든 세정액으로 깔끔히 세정한 것이다. 세정 후에는 깨끗한 물로 충분히 헹궈야 한다.

 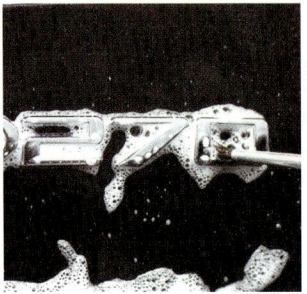 

클리닝 전 엠블럼   브러시로 문지르기   클리닝 후 엠블럼

레터링 엠블럼 교체

앞서 소개한 방법으로 닦아도 깔끔하지 않거나 엠블럼이 많이 낡았다면 엠블럼을 교체하는 것도 방법이다. 히팅건으로 엠블럼에 열을 쏘거나 뜨거운 물을 엠블럼에 부어 엠블럼의 접착력을 느슨하게 만든 후 낚싯줄이나 치실 등을 도장면과 엠블럼 사이에 끼워 넣어 엠블럼을 제거한다. 엠블럼이 떨어진 자리의 끈끈한 흔적은 손톱으로 긁어 떼어내거나 타월과 엠블럼이 붙어 있었던 자리에 스티커 제거제를 뿌리고 때 밀 듯 닦아낸다. 페인트 클리너나 폴리싱 약제를 사용해 엠블럼 자리를 깨끗이 클리닝하고 알코올이나 유리 세정제로 도장면을 닦은 다음 새 엠블럼을 부착하면 끝이다.

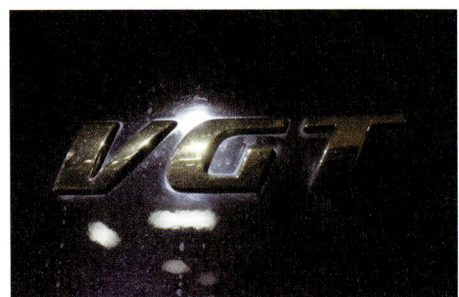 

엠블럼 교체 전   엠블럼 교체 후

STEP 3
트러블메이커
새똥

새똥은 그 속에 포함된 요산 성분에 의해 pH3.0~4.5의 강한 산성도를 지니고 부식성이 강해 새똥이 오래 방치된 차는 재도색을 해야 할 수도 있다. 새똥에 의해 도장이 부식되는 이유에 대해서는 약간의 이견이 있다. 새똥 자체의 강한 부식성으로 인해 새똥이 도장에 떨어지는 순간부터 부식된다는 의견이 많은 편이지만, 일부 도장 전문가들은 조금 다르게 설명한다. "한낮에 뜨겁게 달궈진 도장은 물러지고 팽창하는 반면 차에 떨어진 새똥은 더 단단하게 마른다. 새똥의 요산 성분은 느슨해진 도장 표면의 미세한 틈 사이로 파고들고, 해가 기울어 기온이 떨어지면 도장이 수축하면서 요산 성분은 마치 염색이 된 듯이 클리어코트 사이에 갇힌다. 수일간 이 과정이 반복되면 요산 성분이 더 깊이 침투하여 깊은 부식 흔적을 남기거나 심한 경우 도장이 갈라지기도 한다."

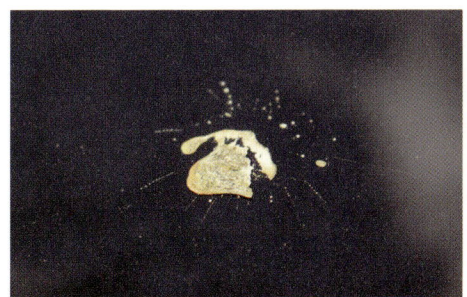

새똥

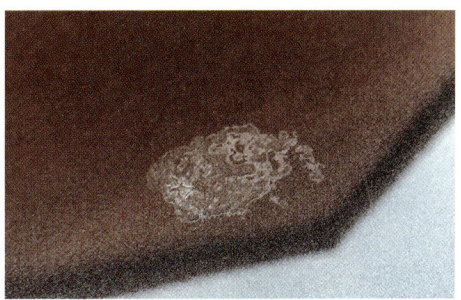

새똥에 의한 도장 부식 흔적

영국의 자동차 관리용품 회사인 오토글림은 일부 도장 전문가들의 의견과 비슷하지만 조금은 다른 연구 결과를 내놨다. 새똥 자체의 부식성 때문에 도장이 손상되는 게 아니라 도장 표면에 떨어진 물질의 형태, 도장의 팽창과 수축 현상이 맞물려 도장이 손상된다고 말이다. 도장 표면에 강산성, 중성, 강알칼리성 물질을 각각 떨어뜨려 도장의 손상 과정을 관찰한 결과, 각 물질 간에 의미 있는 차이는 발견하기 어려운 반면 내용물에 거친 입자가 많이 섞여 있을수록 도장의 투명도를 떨어뜨렸다고 한다. 강한 햇빛에 의해 팽창한 도장이 기온이 내려감에 따라 딱딱하게 굳은 새똥 주위로 수축하는 현상이 바로 도장 손상의 원인이라는 것이다.

새똥 제거법

새똥은 발견하는 즉시 제거하는 게 최선이다. 그렇다고 굳기 전의 상태나 단단히 굳어 있는 상태에서 티슈, 타월 등으로 문질러 닦아내는 건 좋지 않다. 새똥에는 모래가 섞여 있거나 요산이 단단한 결정 상태로 있을 수 있기 때문이다. 게다가 도장 표면에 내려앉은 갖가지 이물질들이 있어 그냥 문질러 닦으면 마치 수세미로 문지른 듯한 상처를 내기 쉽다. 고압수로 시원하게 날려버리면 좋겠지만 그럴 만한 여건이 되지 않는다면 다음 방법을 권하고 싶다. 준비물은 키친타월과 물병으로 간단하다.

❶ 물에 충분히 적신 키친타월을 새똥 부위에 지그시 눌러 붙여놓고 2~3분간 기다린다.

❷ 손가락으로 키친타월을 톡톡 두드린 후 떼어낸다. 문질러 닦는 게 아니라 '두드렸다 떼는' 동작만 해야 한다. 문질러 닦아내면 새똥을 쉽게 제거할 수는 있어도 도장면과 키친타월 사이의 새똥 부스러기와 이물질들이 도장면에 쓸리면서 흠집을 내기 쉽다.

❸ 새똥이 완전히 묻어 나올 때까지 앞의 과정을 몇 차례 반복한다. 처음보다 기다리는 시간을 줄여도 괜찮다.

| 물에 적신 키친타월을 새똥 위에 붙여놓는다 | 키친타월에 새똥이 묻어 나온다 |

❹ 새똥을 제거한 후 도장면에 남아 있는 물기는 마른 키친타월로 살짝살짝 눌러주며 흡수시킨다. 물 대신 퀵디테일러를 뿌려 새똥을 닦아내는 방법도 있으나 퀵디테일러 성분이 남지 않도록 깨끗이 닦아내지 않으면 얼룩이 남을 수 있다. 키친타월과 물을 이용한 새똥 제거 방법은 도장면에 안전하고 얼룩을 거의 남기지 않는다는 장점이 있다.

새똥이 안전하고 깔끔하게 제거된 모습

3단계 레벨업 디테일링

STEP 3
트러블메이커

시멘트 낙수

시멘트 낙수는 콘크리트 내부의 수화생성물(수산화칼슘)과 미네랄 등이 녹아 있는 강알칼리성의 액체가 콘크리트 천장에서 흘러 떨어진 것을 말한다. 수산화칼슘은 공기 중 이산화탄소와 결합해 흰색의 탄산칼슘으로 변하는데, 주차장에 세워둔 차 도장 표면에 허옇게 흔적이 남았다면 먼저 시멘트 낙수를 의심해야 한다. 시멘트 낙수를 오래 방치할 경우 제거하기 어려울 뿐만 아니라 제거하더라도 유리나 도장면에 부식 흔적을 남길 수 있으므로 시멘트 낙수 흔적을 발견했다면 가능한 한 빨리 제거해야 한다. 주차할 곳의 바닥이 젖어 있다면 천장에서 떨어진 물이 아닌지 꼭 확인하는 게 최선의 예방책이다.

세척제로는 식초, 빙초산, 묽은 염산을 고려할 수 있으며, 세척력이 약한 식초부터 사용한 뒤 효과가 없다면 세척력이 강한 제품으로 넘어가는 게 좋다.

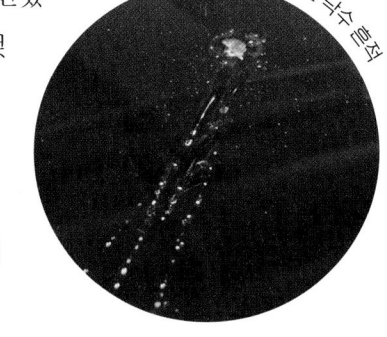

시멘트 낙수 흔적

시멘트 낙수 제거법

❶ 시멘트 낙수가 마르기 전이라면 식초를 분무기로 분사해 닦아낼 수도 있지만 어느 정도 마른 상태라면 역부족이다. 시멘트 낙수 부위에 먼저 식초를 분사한 후 화장지나 키친타월을 도장면에 붙여놓는다. 식초를 충분히 머금을 수 있도록 화장지나

키친타월을 두세 겹 붙이는 것도 좋은 방법이다. 5분 정도 기다린 후 화장지나 키친타월을 떼어내고 타월로 닦아낸다.

❷ 식초 원액으로도 효과가 부족하다면 식초를 따뜻하게 데워서 다시 해보자. 같은 세척제를 쓰더라도 세척제의 온도와 세척 시간에 따라 세척력이 배가될 수 있다. 일반적으로 섭씨 10도가 상승할 때마다 세척 속도가 두 배 빨라진다고 한다. 더 강한 세척제를 선택하기 이전에 쓰고 있는 세척제를 따뜻하게 데워 오염물에 조금 더 오래 접촉해 보자.

식초에 적신 화장지를 도장면에 붙이기

묽은 염산과 빙초산

❸ 식초로 해결되지 않는다면 빙초산, 묽은 염산 등을 써 볼 때다. 반드시 고무장갑을 끼고 타월에 빙초산이나 묽은 염산을 적당히 적셔 시멘트 낙수 자국을 문지른다. 경험상 냄새가 심한 빙초산보다는 묽은 염산이 사용하기 수월하다. 빙초산은 마트에서, 묽은 염산은 약국에서 쉽게 구입할 수 있지만 피부에 닿으면 염증을 유발할 수 있으므로 주의를 요한다.

❹ 시멘트 낙수 흔적을 제거한 후에는 세척제 잔여물이 남지 않도록 해당 부위를 깨끗하게 세정해야 한다. 깨끗한 물로 헹구면 좋으나 퀵디테일러로 닦는 것도 괜찮다.

시멘트 낙수가 제거된 도장면

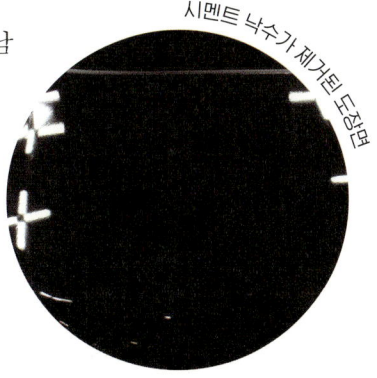

3단계 레벨업 디테일링

STEP 3
트러블메이커
나무 수액

사람마다 나무 수액에 대한 경험은 제각각인 것 같다. 세차만으로도 쉽게 제거했다는 사람이 있는가 하면 나름 특효라는 방법들을 다 써봤지만 도통 듣지 않는다는 사람도 있다. 그런 경험의 차이는 어디에서 오는 걸까?

나무 수액

나무 수액은 계절에 따라, 날씨에 따라, 나무 종류에 따라 차이가 있기 마련이고, 나무 수액이 아닌 것을 나무 수액으로 착각하기도 한다. 이런 다양한 변수들과 더불어 얼마나 오랫동안 방치했느냐에 따라 제거할 때의 난도가 달라지니 사람마다 경험의 차이가 있는 게 당연하다. 넓은 면적에 작은 덩어리들이 촘촘히 떨어져 있고 만져보면 끈적이는 것들은 나무 수액이 아니라 진딧물의 배설물이다. 아직 굳지 않은 나무 수액이나 진딧물의 배설물은 고압수와 거품질만으로도 어렵지 않게 제거할 수 있다. 버킷에 따뜻한 물을 받아 거품질하면 어느 정도 굳어 있는 수액도 녹여낼 수 있다. 세차만으로도 나무 수액을 제거하는 경우가 많은데 설령 완전히 제거하지 못한다 해도 세차는 다른 방법을 시도하기 위한 좋은 준비 단계다.

나무 수액 제거법

나무 수액 제거제도 있지만 전용 제품으로는 부족하거나 대용품들이 효과가 뛰어날 때가 있다. 도장에 안전한 편인 자동차 전용 제품과 달리 대용품들은 잘못 쓸 경우 도장에 손상을 입힐 수 있으므로 주의해서 사용해야 한다. 나무 수액이 덩어리져 있지 않고 넓은 면적에 오톨도톨하게 퍼져 있다면 클레이바를 이용하고, 송진이나 덩어리진 나무 수액은 다음 방법들로 녹여내는 게 낫다.

나무 수액 제거제

자동차 전용 제품

'나무 수액 제거제'라는 정확한 이름으로 판매되는 제품이 있지만 대개는 버그 클리너(벌레 자국 제거제), 타르 제거제 등의 부가적인 기능으로 표현된 경우가 많다. 덩어리째로 군데군데 떨어져 수개월 방치한 나무 수액은 버그 클리너가 별 도움이 되지 않을 것이다. 그때는 석유계 용제를 주성분으로 하는 타르 제거제가 더 효과적이다. 타르 제거제를 이미 가지고 있다면 써볼 만하지만 나무 수액 때문에 타르 제거제를 따로 구입해야 한다면 대용품들로 먼저 시도해 볼 것을 추천한다.

WD-40

석유계 용제를 주성분으로 하는 제품으로 나무 수액을 녹일 수 있다. WD-40(방청 윤활제)은 차에 묻은 페인트와 타르 제거에도 효과적이다. 물론 단번에 지워지는 건 아니고 도장 표면에 분사한 후 타월로 닦아내는 과정을 여러 번 반복해야 한다. 나무 수액의 상태에 따라서 WD-40으로 해결되지 않기도 한다. WD-40이 집에 있다면 써볼 만하지만 일부러 구입할 필요는 없다. 다른 대용품을 살펴보자.

손 세정제

알코올(에탄올)을 주성분으로 하는 손 세정제를 나무 수액에 묻히고 2~3분 후 타월로 문질러 닦는다. 알코올은 나무 수액 제거에 특히 효과가 좋다. 손 세정제가 없다면 소독용 에탄올이나 이소프로필알코올도 효과적이다.

네일 리무버
아세톤을 주성분으로 하며 용해력이 상당히 강하다. 나무 수액뿐만 아니라 차에 묻은 페인트를 닦아내는 데도 효과적이다. 아세톤이 들어 있지 않은 아세톤 프리 리무버는 용해력이 약해 반복적인 작업이 필요할 수 있다. 도장 표면에 직접 바르는 것보다는 타월에 리무버를 적셔 문지르는 게 좋다.

물파스
물파스는 네일 리무버와 마찬가지로 나무 수액뿐만 아니라 차에 묻은 페인트 제거에도 효과가 좋다. 나무 수액이 녹을 때까지 도장면에 물파스를 반복적으로 문지르면 클리어코트 혼탁이 심하게 나타날 수 있다. 물파스를 나무 수액에 대고 톡톡 두드려 나무 수액을 충분히 적신 다음 타월로 문질러 녹여내는 편이 낫다. 경험상 물파스는 도장면에 쓰기에는 용해력이 너무 강하다. 물파스보다는 소독용 에탄올을 추천한다.

뜨거운 물
콘크리트보다 더 단단하다는 카나우바도 섭씨 85℃쯤에서 녹는다. 물을 따끈하게 데워 굳어 있는 나무 수액 위로 천천히 조금씩 부어주면 된다. 뜨거운 물만으로 효과가 부족하다면 타르 제거제나 알코올로 닦아본다.

대용품 사용 시 주의 사항

❶ 대용품을 바르고 나서 바로 타월로 닦는다. 알코올, 아세톤, 물파스 등이 도장면과 오래 접촉할 경우 클리어코트 표면이 혼탁해질 수 있다. 쉽게 이야기하면 '광택이 죽어 보인다'. 대용품들을 바르고 바로 문질러서는 효과가 부족하다면 반복 작업을 해야 한다.

❷ 재도장 표면에는 특히 더 주의해야 한다. 재도장은 원래 도장보다 물성이 약한 편이므로 눈에 잘 보이지 않는 부위에 테스트한 후 사용하길 권한다.

❸ 작업 후에는 잔여물이 남지 않도록 깨끗이 닦는다. 타월로만 닦는 것보다는 물이나 퀵디테일러를 뿌려가며 닦는 게 좋다.

❹ 나무 수액을 제거하는 과정에서 도장 표면에 미세한 흠집이나 혼탁 현상이 생겼다면 페인트 클리너나 마무리용 폴리시를 이용해 작업 부위를 핸드 폴리싱하면 깔끔한 결과를 얻을 수 있다.

STEP 4
셀프광택

셀프광택 기초

실전 셀프광택: 드릴 폴리싱

실전 셀프광택: 시거잭 광택기 폴리싱

실전 셀프광택: 핸드 폴리싱

차를 오래도록 아끼며 타는 비결은, 작은 상처들을 어떻게 돌보느냐에 달려 있다고 해도 과언이 아니다. 전문가의 도움을 받는 것도 좋은 선택이지만 사소한 문제들이 생길 때마다 전문가를 찾긴 쉽지 않다. 작은 상처들을 다루는 일, 아주 쉽진 않아도 아주 어렵지도 않다. 지레 겁을 먹고 시도조차 못 하는 분도 있고, 열심히 해봤지만 요령을 몰라 별로 만족하지 못한 분도 있을 것이다. 여기서는 흠집 복원에 필요한 알맞은 도구와 요령에 대해 알아본다. 이제 여러분에게 필요한 것은 약간의 과감성과 모험심이다.

STEP 4
셀프광택 기초

폴리싱은 도장의 광택도를 높이기 위해 도장 표면을 연마해 매끈하게 만드는 것을 말한다. 폴리싱 대신 '광택'이란 말이 그런 의미로 두루 쓰이고 있다. 물체의 표면에서 광택이 나는 원리는 아주 단순하다. 빛이 일정한 방향으로 반사되도록 표면을 매끄럽게 만들면, 어떤 물체든 빛을 받고 반짝이게 돼 있다. 이것을 빛의 정반사라고 한다. 반대로, 표면이 매끄럽지 않아 빛을 사방으로 반사시키는 현상을 빛의 난반사라고 한다. 도장 표면에 정반사가 많이 일어날수록 광택도가 올라가고, 난반사가 많아질수록 광택도는 떨어진다. 도장 표면에서 빛의 난반사를 일으키는 크고 작은 흠집들을 폴리싱을 통해 제거함으로써 빛의 정반사가 많이 일어나게 할 수 있다.

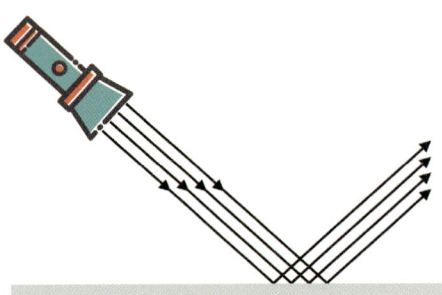

정반사는 매끈한 표면에 닿은 빛이 정반대의 방향으로 일정하게 반사되는 현상이며, 거울반사라고도 한다

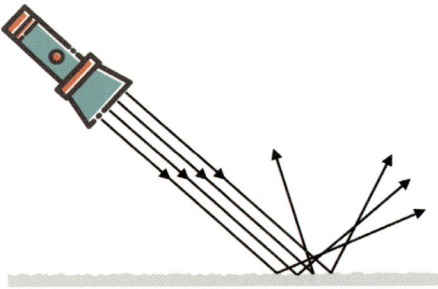

난반사는 고르지 않은 표면에 닿은 빛이 여러 방향으로 반사해 흩어지는 현상이며, 확산반사라고도 한다

자동차 도장 시스템

자동차 도장은 크게 하도(下塗), 중도(中塗), 상도(上塗)로 이루어져 있다.

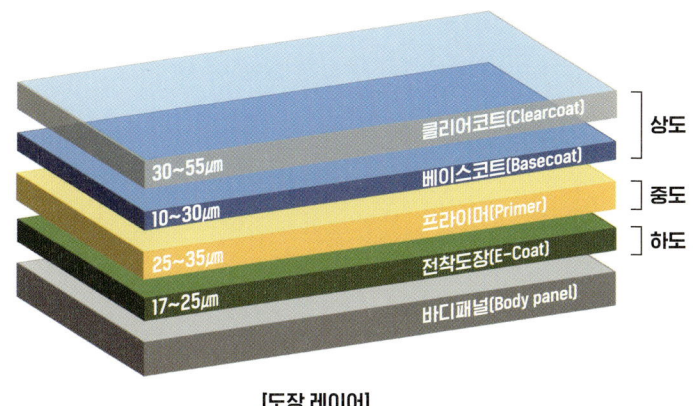

[도장 레이어]

하도

도장의 가장 아래층으로, 페인트가 담긴 탱크에 차체를 담그고 전류를 흘려 보내 전기화학적으로 도막을 형성시키는 전착도장(E-Coat)을 말하며, 스프레이식 도장 방법으로는 칠하기 어려운 부분까지 일정한 도막을 형성시킬 수 있어 부식과 녹 방지에 중요한 역할을 한다.

중도

하도와 상도의 중간에 위치하며 도장의 밑칠이 된다 해서 프라이머(primer)라고도 한다. 상도를 차체에 단단히 부착시키고 도장에 두께를 더해줌으로써 스톤칩과 같은 외부 충격에 의한 도장 손상을 줄여준다.

상도

차의 외관에 아름다움을 불어넣는 영역으로, 베이스코트(컬러 페인트층)와 클리어코트(투명 페인트층)를 묶어 지칭하는 말이다. 광택을 낸다거나 도장을 연마한다고 하면 상도의 클리어코트를 연마하는 걸 말한다. 클리어코트의 두께는 A4 용지(약 $100\mu m$, $1\mu m$ =0.001mm)의 절반으로, 박스 포장용 투명 테이프(약 $60\mu m$)보다도 얇은 수준이지만 클리어코트의 역할은 꽤나 막중하다. 클리어코트는 자외선, 산성비, 새똥 등 외부 환경으로부터 베이스코트를 보호하고, 광택에 깊이감을 더해 차의 외관을 더욱 고급스럽게 만든다. 클리어코트의 상태에 따라 연식이 오래된 차도 새 차 같다고 감탄을 자아내는가 하면 어떤 감흥도 주지 못하는 낡은 차가 되기도 하니 클리어코트가 차의 외관을 좌우한다고 해도 지나치지 않다. 그러나 클리어코트를 연마하면 할수록 광택의 깊이감이 줄어들고 자외선 차단 효과가 떨어져 도장의 노화를 가속시키므로 연마는 꼭 필요한 경우에만 하고, 연마를 하더라도 최소한으로 하는 게 바람직하다.

폴리싱 약제

폴리싱 약제는 도장 표면을 갈아내기 위한 크림 또는 액상 형태의 연마제(研磨製)로, 알루미나, 규산알루미늄, 규조토와 같은 연마재(研磨材) 이외에도 유기용제, 물, 미네랄 오일, 점도 조절제, 유화제 등이 배합된 일종의 화학적 복합물이다. 복합물, 즉 컴파운드는 산업 전반에서 각기 다른 의미로 지칭되는 용어이므로 도장 연마제로 구별하기 위해 문지른다는 의미의 단어인 러빙(rubbing)과 조합해 '러빙 컴파운드'로 부르기도 한다.

컴파운드 하면 그 속의 연마재가 너무 거칠어 흠집은 물론 광택까지 사라지게 하는 요주의 물건쯤으로 취급받기도 했다. 이는 비전문가가 구할 수 있는 컴파운드 제품이 다양하지 못했던 시절의 이야기로, 요즘은 상황이 판이하게 다르다. 연마력은 강하면서 광택을 최대한 유지하는 고성능 컴파운드부터 미세한 흠집만을 정교하게 제거하는 초미세 컴파운드까지 다양함을 넘어 선택의 어려움마저 느낄 정도로 다양한 컴파운드 제품들이 판매된다. 컴파운드에 관한 한 전문가가 아니어도 수준 높은 광택을 만들어내는 데 전혀 부족함이 없는 세상이다.

이제 중요한 것은 내 차의 상태에 맞는 컴파운드를 찾는 일이다. 아무리 컴파운드가 좋아도 도장 상태에 맞지 않는 컴파운드를 쓰면 필요 이상으로 클리어코트를 연마하기도 하고, 땀은 땀대로 흘리고도 도장 상태에 별 변화가 없기 때문이다.

컴파운드 제조사들은 컴파운드의 연마력에 따라 그 용도를 구분해 놓고 있다. 사용자 입장에서도 그런 구분이 편리하긴 하지만 제조사마다 구분하는 방식이나 부르는 이름이 조금씩 달라 폴리싱에 첫발을 내딛는 분들에게는 혼란스러울 수 있다. 컴파운드의 연마력이 세든 약하든 클리어코트 표면을 연마하는 것엔 이견이 없으므로 여기서는 컴파운드를 강한 연마용(heavy cut), 중간 연마용(medium cut), 미세 연마용(fine cut) 이렇게 세 가지로 분류하고자 한다.

강한 연마용 컴파운드

제조사에 따라 러빙 컴파운드, 컷팅 컴파운드 등으로 불리지만 아무 수식 없이 그냥 '컴파운드'로도 불린다. 사포 자국(샌딩 마크)을 없앨 수 있고 오랜 자동세차로 생긴 선명한 스월마크를 빠르게 제거하는 데 효과적인 컴파운드다. 또한 접촉 사고로 생긴 페인트 자국을 지울 수 있고 클리어코트 깊이 내에서의 스크래치를 빠르게 제거하거나 덜 보이게 할 수 있다.

강한 연마용 컴파운드를 고를 때 연마력 이외에도 작업을 마쳤을 때 도장면에 컴파운드 연마 흔적을 얼마나 적게 남기는 제품인지 꼭 확인해야 한다. 필요한 만큼의 연마력을 가졌더라도 연마 흔적을 심하게 남기면 그 흔적을 없애기 위해 몇 배의 노력이 더 필요할 수 있기 때문이다.

연마력은 비교적 센 편이지만 연마 흔적을 적게 남기는 오너용 컴파운드 제품으로는 맥

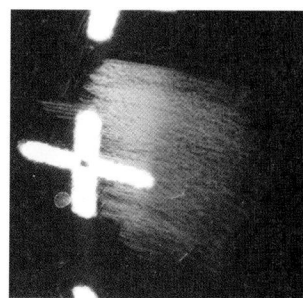

사포 자국

접촉 사고로 생긴 페인트 자국

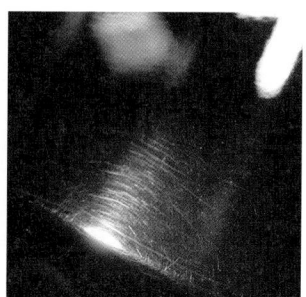

선명한 스월마크

컴파운드에 의한 연마 흔적

과이어스 얼티메이트 컴파운드, 터틀왁스(Turtle Wax) 프리미엄 러빙 컴파운드, 3M 어드밴스드 러빙 컴파운드, 소너스(SONUS) SFX-1 리스토어 폴리시 등이 있다. 오너가 구하기 쉬운 전문가용 컴파운드 제품으로는 맥과이어스 울트라컷 컴파운드, 멘제르나 FG400 등이 있다. 여기서 소개한 오너용 컴파운드 제품보다는 전문가용 컴파운드 제품의 연마력이 더 센 편이다. 제품 이름을 직접 언급하기는 매우 조심스럽지만 초보자분들이 가장 궁금해하시기에 직접 써본 제품 중에서 골라 소개했다. 이 밖에도 좋은 제품들이 많이 있음을 밝힌다.

중간 연마용 컴파운드

중간 연마용 컴파운드는 폴리싱 컴파운드, 컷팅 폴리시, 폴리시 등으로도 불린다. 중간 연마용 컴파운드를 쓰는 이유는 두 가지로 요약할 수 있다. 강한 연마용 컴파운드 사용 후 그 연마 흔적을 없애는 용도로 중간 연마용 컴파운드를 쓰거나 처음부터 강한 연마가 필요하지 않은 얕은 흠집을 없애는 용도로 쓴다.

중간 연마용 컴파운드는 스크래치 제거제(리무버)라는 오너용 제품으로 판매되기도 한다. 연마력의 세기별로 컴파운드를 구비하기는 부담스럽고 딱 한 가지

그늘에서는 보이지 않고 형광등 불빛에서 보이는 얕은 흠집

컴파운드로 도장을 관리하고 싶다면 중간 연마용 컴파운드는 좋은 선택이 될 수 있다. 강한 연마용 컴파운드보다는 조금 더 손이 가지만 스크래치 제거에 효과가 있고 얕은 스월마크 제거엔 효과가 빠른 편이다. 게다가 연마 흔적도 적게 남는 편이어서 마무리도 좋다.

섬세한 도장 관리를 하고자 한다면 중간 연마용 컴파운드의 역할은 더욱 중요해진다.

도장이 무른 경우 즉, 태생부터 도장의 경도가 상대적으로 낮거나 사고로 인해 재도장했다면 중간 연마용 컴파운드가 강한 연마용 컴파운드의 역할을 할 수 있다. 또한 흠집을 완전히 없애지 않고 눈에 덜 띄는 정도의 연마를 원하거나 가벼운 스월마크를 빠르게 없애고자 한다면 중간 연마용 컴파운드가 유용하다. 중간 연마용 컴파운드로는 맥과이어스 스크래치엑스 2.0, 맥과이어스 스월엑스, 3M 머신 폴리시(PN89003) 등이 있고, 전문가용 제품으로는 멘제르나 인텐시브 폴리시, 멘제르나 파워 피니시, 3M 퍼펙트잇 머신 폴리시(06064) 등이 있다.

미세 연마용 컴파운드

미세 연마용 컴파운드는 마무리용 컴파운드, 피니싱 컴파운드, 피니시 등으로 불린다. 미세 연마용 컴파운드는 자체 연마 흔적을 거의 남기지 않으면서 강한 연마 또는 중간 연마용 컴파운드가 남긴 연마 흔적을 없앨 수 있다. 보유 차량의 도장이 어두운 색이고 연마 흔적에 민감한 분들에게 미세 연마용 컴파운드는 거의 필수라 하겠다. 형광등에 쉽게 보이는 스월마크에는 미세 연마용 컴파운드보다는 중간 연마용 컴파운드가 효과적이고, 형광등에는 거의 보이지 않지만

형광등 불빛에서는 보이지 않고 LED 랜턴에서 보이는 미세 흠집

LED 랜턴에는 쉽게 관찰되는 미세한 스월마크에는 미세 연마용 컴파운드가 적합하다. 미세 연마용 컴파운드는 연마력이 약해서 쓸 일이 얼마나 있을까 생각할 수도 있지만 오히려 그 반대다. 물때, 얼룩, 오래된 왁스 피막 등을 벗겨내기 좋고 미세한 스월마크도 지워낼 수 있어 페인트 클리너의 용도로 사용하면 그야말로 도랑 치고 가재 잡는 격이다. 연마력이 약한 만큼 일 년에 서너 번씩 써도 도장에 부담이 적다. 그래서 나는 페인트 클리닝을 위해 연마제가 들어 있지 않은 순수 페인트 클리너보다는 미세 연마용 컴파운드를 더 애용하는 편이다.

미세 연마용 컴파운드로는 맥과이어스 얼티메이트 폴리시, 터틀왁스 폴리싱 컴파운드,

소너스 SFX-2 인핸서 스월 리무버 등이 있고, 전문가용 제품으로는 맥과이어스 M205 울트라 피니싱 폴리시, 멘제르나 FF4000, 멘제르나 SPF3800, 3M 퍼펙트잇 울트라파인 머신 폴리시 등이 있다.

재질에 따른 패드 구분

바늘 가는 데 실이 빠질 수 없듯 폴리싱 약제가 가는 곳엔 늘 패드가 함께한다. 옷감의 두께에 따라 바늘과 실의 두께를 달리해야 하는 것처럼 수준 높은 결과를 원한다면 컴파운드뿐만 아니라 패드 역시 그에 걸맞은 것을 써야 한다. 똑같은 컴파운드를 쓰더라도 어떤 패드를 쓰냐에 따라 결과적으로 나타나는 연마력과 마무리 성능에 적지 않은 차이를 보인다. 바꿔 말하면, 컴파운드 하나로 패드만 바꿔가며 연마력의 세기를 조절할 수도 있다는 이야기다.

재질별 패드의 종류는 크게 폼 패드, 마이크로화이버 패드, 울 패드 등이 있고 패드의 특성에 따라 장단점은 존재한다. 경험상 폼 패드만으로도 크게 부족함을 못 느꼈다. 패드 세 종류를 모두 구비해야 할 필요는 없으며 초보자라면 폼 패드에 먼저 익숙해진 후 마이크로화이버 패드나 울 패드를 사용해 보자.

폼 패드	 왼쪽부터 컴파운딩 폼 패드, 폴리싱 폼 패드, 피니싱 폼 패드	폼(foam) 패드는 도장면에 쿠션감 있게 밀착해 패드 면이 도장면과 면 대 면으로 고르게 마찰함으로써 다른 종류의 패드보다 마무리 성능이 좋은 편이지만 표면을 예리하게 연마하는 성능은 울 패드나 마이크로화이버 패드보다 떨어진다. 깊은 흠집 제거엔 효율이 떨어지며 깊지 않은 흠집, 스월마크, 강한 연마로 생긴 연마 흔적을 제거하는 데 효과적이다.
마이크로 화이버 패드	 컴파운딩 패드(좌), 폴리싱 패드(우)	마이크로화이버(microfiber)는 머리카락 굵기 100분의 1 수준의 극히 가는 섬유로, 같은 면적에서 면사(綿絲)에 비해 네 배가량 표면적이 넓다. 패드에 있어서 표면적이 넓다는 건 도장 표면과 접촉할 기회가 그만큼 더 많다는 것이고 이는 더 빠른 연마가 가능함을 의미한다. 그러나 마이크로화이버 패드는 미세한 연마 흔적을 남기는 경우가 있어 폼 패드에 비해 깔끔한 결과를 얻기 어려운 편이다.

울 패드	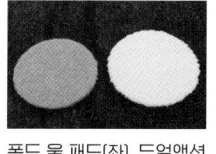 폼드 울 패드(좌), 듀얼액션 폴리셔용 단모 패드(우)	울 패드는 양털을 엮는 방식, 양털의 길이, 다른 섬유와의 혼합 비율 등에 따라 연마 강도가 달라진다. 폼 패드에 비해 연마 강도가 높아 도장을 빠르게 연마할 수 있으나 마이크로화이버 패드와 마찬가지로 연마 흔적을 남기므로 깔끔한 마무리를 위해서는 폼 패드로 후속 작업을 해야 한다. 고성능 듀얼액션 폴리셔를 가지고 있는 오너가 써 볼 만한 울 패드로는, 연마력은 좋으면서 연마 흔적은 적게 남기는 폼드(foamed) 울 패드나 듀얼액션 폴리셔용 단모 패드 등이 있다.

연마 강도에 따른 폼 패드 구분

폼 패드의 연마 강도는 PPI(pores per square inch의 약자로 1제곱인치 안에 들어 있는 구멍의 수를 나타냄), 폼의 밀도, 폼의 구조, 폼의 탄성 등 다양한 변수에 의해 결정된다. PPI를 제외한 다른 변수들이 같다는 조건에서 PPI 수치는 패드의 연마 강도를 가늠하는 지표가 될 수 있다. PPI가 높다는 것은 1제곱인치 안에 들어 있는 구멍의 수가 더 많아지고, 구멍의 크기는 더 작아진다는 것을 의미한다. 그만큼 패드의 표면은 부드러워지고 연마 강도는 낮아지게 된다.

[폼 패드 연마 강도 예시]

PPI	용도
40	강한 연마용
50	중간 연마용
60	약한 연마용
70	미세 연마용, 페인트 클리닝용
80	왁스, 실런트용

폼 패드의 PPI 수치는 패드의 연마 강도를 가늠하는 한 가지 잣대일 뿐 패드 자체의 연마 강도를 평가하는 절대적인 수치가 될 수는 없다. PPI가 같더라도 탄성이나 셀의 구조(오픈 셀: 구멍 뚫린 벌집 모양의 그물망 구조로 탄력과 통기성은 좋지만 약제가 패드에 쉽게 흡수되

어 약제 건조가 빠른 편, 클로즈드 셀: 얇은 막으로 막힌 거품 모양의 그물망 구조로 통기성이 좋지 않고 세척이 쉽지 않으나 오픈 셀에 비해 약제 흡수가 적어 폴리싱 가능 시간이 긴 편)에 따라 패드의 연마 강도에 차이가 날 수 있다. 따라서 PPI 수치만을 가지고 패드의 연마 강도를 구분하기보다는 제조사에서 제시하는 용도에 따라 패드를 선택하는 게 무난하다.

용도에 따른 패드 구분

컴파운딩 패드

강한 연마용 패드로 컷팅 패드라고도 한다. 컴파운딩 패드와 조합을 이루는 약제는 중간 연마용 또는 강한 연마용 컴파운드로, 깊이감 있는 흠집, 부식성 워터스팟과 새똥 등에 의한 부식 흔적 등을 없앨 수 있다. 컴파운딩 패드는 연마 흔적을 남기기 쉬우므로 가급적 컴파운딩 패드 중에서도 연마 강도가 조금 약한 패드로 반복해서 연마하는 게 낫다. 로터리 폴리셔나 고성능 듀얼액션 폴리셔로 컴파운딩 패드를 사용할 때, 강하게 누르며 한곳에 오랫동안 머무르면 도장면의 온도가 급상승해 도장이 손상될 수 있으므로 주의해야 한다. 컴파운딩 패드로 도장 연마에 한계가 있다면 컷팅력은 좋으면서 연마 흔적은 적게 남기는 폼드 울 패드나 마이크로화이버 패드를 추천한다.

폴리싱 패드

약한 연마용 패드로 여기서 말하는 약한 연마란, 도장 두께에 영향을 주는 연마라기보다는 도장 표면을 미세하게 다듬는 수준의 연마를 뜻한다. 폴리싱 패드와 조합을 이루는 약제는 중간 연마용 또는 미세 연마용 컴파운드이며 미세 흠집, 얕은 스월마크, 강한 연마용 컴파운드 사용 후 생긴 연마 흔적 등을 없앨 수 있다.

피니싱 패드

패드 자체에는 연마력이 없으며 함께 쓰는 컴파운드의 연마력만큼만 작용한다. 피니싱 패드와 조합을 이루는 약제는 미세 연마용 컴파운드이며 강한 연마용 컴파운드나 중간 연마용 컴파운드 사용 후 생긴 연마 흔적, 미세 스월마크 등을 없앨 수 있다. 미세 연마용 컴파운드 외에도 글레이즈, 왁스, 실런트 등을 바를 때에도 쓸 수 있다.

폴리싱 약제와 패드 선택

"잘 쓰면 약, 못 쓰면 독"이라는 말이 있다. 폴리싱도 같다. 폴리싱은 흠집을 없애고 광택을 올린다는 점에서 약이 될 수 있지만 클리어코트의 두께를 감소시킨다는 점에서는 독이 될 수 있다. 따라서 폴리싱 약제와 패드의 선택은 효과가 있는 범위 내에서 가능하면 부드러운 것을 먼저 써보고, 그 결과에 따라 그대로 쓸지 조금 더 거친 것으로 바꿀지 결정해야 한다.

스크래치를 제거하기 위해서는 스크래치 주변의 클리어코트를 그 깊이만큼 연마해야 한다. 누군가 깊은 스크래치를 감쪽같이 없앴다고 자랑한다면, 실상은 스크래치 주변부의 클리어코트가 그만큼 연마된 것일 확률이 높다. 만약 그 주변으로 스크래치가 또 생긴다면 더 이상 클리어코트를 연마하는 방식으로는 스크래치를 제거할 수 없다. 깊은 스크래치를 완벽히 제거했다고 해서 마냥 좋아할 수만은 없는 이유다. 깊은 스크래치가

[기본 조합]

구분	컴파운드 약제+패드	도장 상태
약한 연마	미세 연마용 컴파운드 + 피니싱 패드	밝은 곳 또는 형광등에서는 보이지 않지만 햇빛에 직접 비추거나 LED 랜턴으로 비췄을 때만 보이는 흠집에 적용한다. 대개 세차와 왁싱 과정에서 생긴 미세 스월마크이거나 컴파운드로 폴리싱하면서 생긴 연마 흔적으로 볼 수 있다.
중간 연마	중간 연마용 컴파운드 + 폴리싱 패드	그늘 또는 간접 조명에서는 보이지 않지만 밝은 곳에서 보거나 형광등에 비추면 보이는 흠집에 적용한다. 자동세차에 의해 생긴 스월마크이거나 먼지 앉은 도장 표면을 만지거나 무언가에 가볍게 쓸렸을 때 생긴 것이다.
강한 연마	강한 연마용 컴파운드 + 컴파운딩 패드	그늘이나 간접 조명에서는 잘 보이지만 손톱 끝에 걸리는 느낌이 없다면 클리어코트 깊이 파고든 흠집은 아니다. 그러나 흠집을 완전히 제거하기 위해서는 반복 작업이 필요할 수 있다. 만약 손톱 끝에 걸리는 흠집이라면 클리어코트 깊은 곳 또는 클리어코트를 지나 베이스코트까지 침범했을 가능성이 있다. 이런 흠집은 완전히 제거하기보다는 약간 떨어져서 보면 보이지 않는 수준으로 손보는 걸 권한다.

생긴 것은 안타까운 일이지만 스크래치를 완전히 없애려 하기보단 덜 보이는 수준까지만 연마하고 일정 두께의 클리어코트를 보존하는 것이 장기적으로 유익하다.

스팟 테스트

스팟 테스트(spot test)란 자신의 폴리싱 목표에 맞는 폴리싱 약제, 패드, 폴리싱 조건(패드를 누르는 압력, 이동 속도, 폴리싱 횟수 같은 기술적인 조건) 등의 조합을 찾기 위해 패널의 특정 부위에 미리 테스트하는 걸 말한다. 다시 말해, 1차 연마(초벌 컴파운딩)부터 마무리(피니싱)까지 폴리싱 전 과정에 대한 시뮬레이션이

스팟 테스트 면적 설정

라고 할 수 있다. 스팟 테스트를 통해 찾아낸 최적의 조합을 차 전체에 그대로 적용함으로써 균일한 폴리싱 결과를 만들어낼 수 있다. 스팟 테스트 면적은 버핑 타월 한 장 크기면 충분하다.

스팟 테스트 결과를 정확하게 확인하기 위해서는 작업 후 컴파운드 잔여물이 남지 않도록 꼼꼼하게 닦아내야 한다. 물이나 퀵디테일러를 살짝 뿌리고 닦으면 잔여물을 좀 더 쉽게 닦아낼 수 있는데 알코올 희석액(물과 알코올 비율은 1:1 정도)을 쓰면 더 확실하게 닦아낼 수 있다. 다만 알코올 희석액을 쓰면 도장 표면이 빽빽해져 자극에 약해지므로 부드러운 타월로 가볍게 반복해서 닦는 것이 좋다. 또한 어두운 곳에서는 LED 랜턴, 휴대폰 플래시 등으로 작업 영역을 비춰봐야 자세히 확인할 수 있다.

기타 폴리싱 용품

마스킹테이프

고무, 플라스틱, 엠블럼 등의 경계 면까지 섬세하게 폴리싱하고 싶다면 꼭 필요한 물품이다. 고무, 플라스틱, 엠블럼 등의 부품들을 보호하는 동시에 패드의 손상을 방지할 수 있다. 15mm 전후의 너비면 무난하다.

범퍼 부위 마스킹 예시

랜턴

주변이 어두울 때 작업 조명으로는 헤드 랜턴이 편하고, 관찰 조명으로는 LED 손전등이 편하다.

마이크로화이버 타월

올의 길이가 길지 않고 무겁지 않은 타입이 좋다.

퀵디테일러

패드 표면이 살짝 촉촉해야 부드럽게 폴리싱할 수 있으므로 패드가 완전히 말라 있다면 폴리싱 전에 퀵디테일러나 물을 살짝 분사하면 좋다.

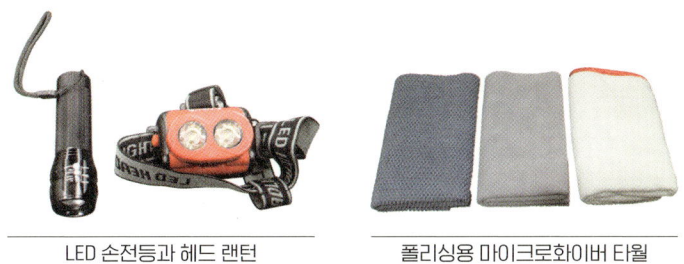

LED 손전등과 헤드 랜턴   폴리싱용 마이크로화이버 타월

실전 셀프광택

드릴 폴리싱

오너의 폴리싱은 전문가의 폴리싱과는 사뭇 다르다. 장소와 장비에 제약이 있다 보니 오너 자신의 여건에 맞는 방법을 찾아내지 않으면 할 수 있는 게 많지 않다. 전문가가 쓰는 장비는 구비했지만 장소가 마땅치 않아 좀처럼 장비를 꺼내 들지 못하는 경우도 다반사다. 오너의 폴리싱은 적어도 어느 장소에서든 마음 편히 사용할 수 있는 장비를 중심으로 방법을 찾는 게 현실적이다. 앞으로 소개할 드릴 폴리싱, 시거잭 광택기 폴리싱, 핸드 폴리싱 등이 바로 그런 현실적인 방법이라고 생각한다.

드릴 폴리싱

집에 12V 이상의 충전 드릴이 있다면 머신 폴리싱에 입문할 절호의 기회다. 충전 드릴의 태생 자체가 폴리싱을 위한 것은 아니어서 불편한 점은 있지만 성능과 결과를 놓고 보면 '미니 로터리 폴리셔' 그 자체다. 로터리 폴리셔는 모터의 회전축에 패드부가 결합돼 모터의 회전력이 패드에 직접 전달되는 방식의 폴리셔를 말한다. 로터리 폴리셔는 야생마 같은 힘으로 도장면을 빠르게 연마할 수 있지만 그만큼 도장면을 심각하게 손상시킬 수도 있으므로 주의해야 한다. 그러나 충전 드릴은 로터리 폴리셔의 축소판인 만큼 로터리 폴리셔의 손맛과 재미를 한껏 느낄 수 있는 동시에 도장을 쉽게 손상시킬 정도는 아니기에(물론 주의하지 않으면 드릴 폴리셔도 도장을 충분히 손상시킬 수 있다) 초보자도 부담 없이 도전해 볼 수 있다.

드릴 폴리셔

로터리 폴리셔의 구동 방식

드릴 폴리싱은 자잘한 스월마크뿐만 아니라 깊이 있는 흠집들을 없애거나 완화할 수 있는 가장 빠른 방법이다. 물론 연습 없이 처음부터 만족할 만한 결과를 얻기 어려울 수도 있지만 몇 번만 연습해 보면 그렇게 어렵지 않다. 12V급 충전 드릴의 회전력은 1,300rpm(무부하 기준)에 달하므로 무시할 수 없는 수준이다. 같은 약제와 패드의 조합으로 핸드 폴리싱과 드릴 폴리싱을 비교했을 때 드릴 폴리싱은 연마량에서 세 배 이상 차이가 난다. 핸드 폴리싱은 팔을 아무리 빨리 돌려봐야 일 분에 200번 이상의 회전 속도를 유지하기가 쉽지 않으니 말이다.

충전 드릴의 최대 단점은 구동 시간이 짧다는 점이다. 배터리 두 개를 쓰더라도 연속해서 15분 이상 구동하기 어렵고, 완전 충전된 배터리 두 개로 패널 하나를 꼼꼼하게 폴리싱할 수 있는 정도다.

준비물

충전 드릴: 최소 12V 이상

백킹 플레이트(backing plate): 백업 패드라고도 하며, 3~4인치 로터리 폴리셔용 백킹 플레이트 또는 드릴용 백킹 플레이트(어댑터 일체형) 모두 사용 가능하다.

드릴용 어댑터: 로터리 폴리셔용 백킹 플레이트 사용 시 필요하다.

폼 패드: 컴파운딩 패드 한두 장, 폴리싱 패드 한두 장. 폼 패드의 크기는 백킹 플레

왼쪽부터 전동 드릴, 드릴용 어댑터, 백킹 플레이트, 폼 패드

이트 크기와 같거나 약간 큰 것이 좋다. 여분도 많을수록 좋다.

드릴 잡는 법

한 손은 드릴의 손잡이를 잡고 다른 한 손은 드릴이 도장면과 수직이 되도록 드릴의 중간부를 안정적으로 잡는다. 패드를 도장면에 밀착시키되 수평이 되게 한다. 깊은 흠집을 제거하기 위해 폴리셔가 움직이는 방향 쪽으로 패드를 아주 살짝 기울이기도 하지만 드릴을 자유자재로 다룰 수 있을 때까지는 최대한 수평을 유지하며 폴리싱하는 게 좋다. 패드가 수평이 되지 않으면 페인트 홀로그램이 생기기 쉽기 때문이다.

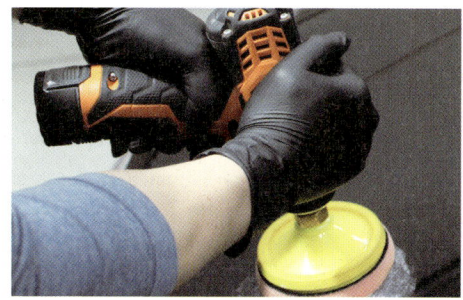

드릴 잡는 방법

도장면과 수평을 이룬 패드

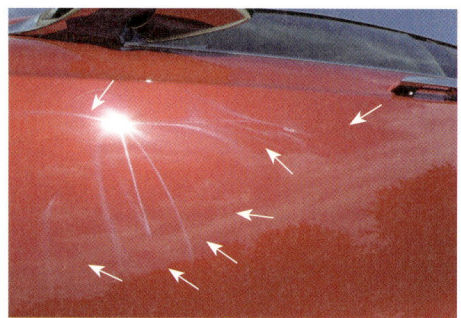

페인트 홀로그램(paint hologram)은 폴리셔가 움직이면서 생긴 패드 흔적으로, 스월마크보다 미세해 약한 조명에서는 보이지 않고 햇빛이나 강한 조명에서 드러난다

드릴 폴리싱 요령

세차 시 미트질이나 왁스 버핑으로 생긴 미세한 흠집들이 대부분이라면 피니싱 패드와 미세 연마용 컴파운드의 조합으로 테스트하고, 약간의 깊이감 있는 흠집들이 많다면 폴리싱 패드와 중간 연마용 컴파운드로 스팟 테스트를 시작해 보는 것도 괜찮다.

❶ 약제를 패드 전체에 골고루 콩알만큼 떨어뜨리거나 X자, 원형 등으로 바른다.

❷ 패드를 도장면에 밀착시킨 상태에서 드릴을 구동하거나 멈추는 게 안전하다. 폴리싱을 시작할 때나 끝낼 때는 드릴의 rpm을 조금 낮춰서 부드럽게 하고, 최대 rpm의 절반 정도 수준으로 폴리싱할 영역 전체에 약제를 골고루 문지른다.

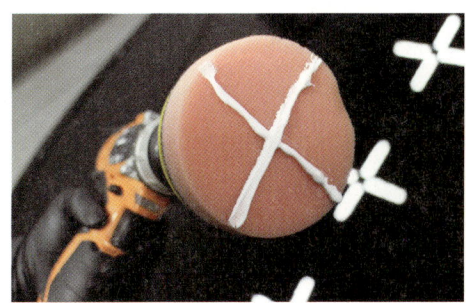

X자 형태로 약제 바르기   약제 문지르기

❸ 로터리 폴리셔는 폴리셔의 무게에 살짝 손의 무게를 더하는 느낌으로 폴리싱해야 홀로그램도 적게 생기고 부드럽게 움직일 수 있다. 단, 드릴 폴리셔는 무게중심이 아래에 있지 않아서 도장면에 패드를 밀착시키기 위해 어느 정도의 압력을 가해야 한다.

❹ 패드의 이동 속도는 폴리셔의 이동 속도이고 이는 곧 팔의 이동 속도이기도 하다. 패드가 이동할 때 생기는 폴리싱 약제의 무늬가 촘촘할수록 연마량이 늘어나고, 무

늬의 간격이 넓어지면 연마량이 줄어든다. 한곳에 너무 오래 머무르면 마찰열과 과도한 연마가 걱정이지만 그렇다고 너무 빠르게 움직이면 연마는커녕 아무 일도 일어나지 않을 수 있다.

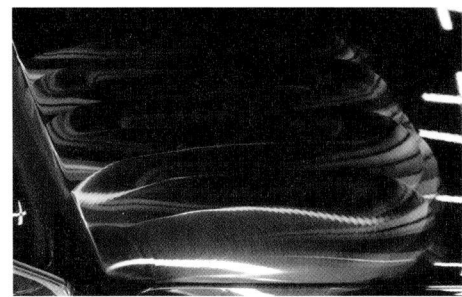
적당한 속도로 움직였을 때의 패드 이동 무늬

너무 빨리 움직였을 때의 패드 이동 무늬

❺ 패드의 이동 경로는 패널의 윗부분의 왼쪽에서 오른쪽, 다시 오른쪽에서 왼쪽으로 이동하되 지나온 영역이 절반 정도 겹치도록 계속 줄을 바꿔 패널의 아랫부분까지 내려온다. 이러한 방식을 따르는 것은 빠뜨린 곳 없이 모든 곳을 균일하게 연마하기 위함으로, 이

지그재그로 패드를 이동해 생긴 패드 이동 무늬

목적에 위배되지 않는다면 패드를 다르게 움직여도 문제가 되지 않는다.

패드의 수평을 잘 유지하고, 드릴을 부드럽게 구동해도 막기 어려운 게 있다. 바로 홀로그램이다. 홀로그램은 한 방향으로 강하게 회전하는 패드가 이동하면서 만들어내는 패드의 끌림 자국이다. 특히 폴리싱 패드에 중간 연마용 컴파운드 이상의 거친 조합으로 폴리싱을 하면 정도의 차이는 있을지언정 홀로그램을 피하기 어렵다. 도장 색상이 밝으면 홀로그램을 발견하기 어려울 수 있지만 도장 색상이 어두울수록 더 잘 눈에 띈다. 그러므로 홀로그램이 생겼다고 해서 너무 자책하지는 말자. 드릴의 rpm을 중간 정도로 유지하고 피니싱 패드에 미세 연마용 컴파운드의 조합으로 부드럽게 천천히 폴리싱하면 홀로그램을 없애거나 줄이는 데 도움이 된다. 피니싱 패드에 멘제르나 FF4000, 멘제르나 SPF3800, 3M 퍼펙트잇 울트라파인 머신 폴리시 같은 초미세 연마용 컴파운드를 써서 폴리싱을 해봐도 홀로그램이 남는다면, 마무리 단계에서만큼은 핸드 폴리싱이나 듀얼액션 폴리싱을 권하고 싶다. 드릴에 듀얼액션용 헤드를 장착하거나 시거잭 광택기를 쓰면 듀얼액션 폴리싱이 가능하다.

맥과이어스사의 DA Power System

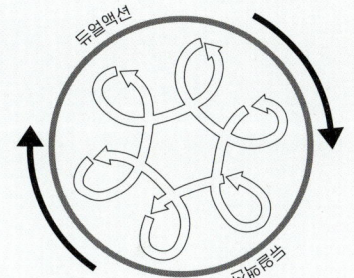

듀얼액션용 헤드의 회전 방식

드릴에 장착하는 듀얼액션용 헤드는 맥과이어스사에서 공급하는 DA Power System이란 제품이 유일하다. 이 듀얼액션용 헤드를 통해 드릴의 한 방향 회전운동이 두 개의 운동 즉, 패드 자체의 큰 회전과 진동과 같은 작은 궤도 회전으로 바뀜에 따라 패드가 이동해도 패드의 끌림 자국을 만들어내지 않는다. DA Power System의 경우, 작은 궤도 회전이 9회 일어날 때 큰 회전이 1회 일어나도록 기어를 구성해 규칙적인 듀얼액션을 만들어낸다.

STEP 4
실전 셀프광택

시거잭 광택기 폴리싱

시거잭 광택기 폴리싱

차의 시거잭에 꽂아 쓰는 시거잭 광택기는 차의 시동을 걸면 발전기(알터네이터)에서 만들어지는 14V 전후의 전기로 작동하고, ACC 모드에서 쓰면 충전된 배터리에서 공급하는 12.4V 전후의 전기로 작동하는 랜덤 오비탈 회전 방식의 오너용 광택기이다.

랜덤 오비탈 회전 방식은, 모터의 회전축으로부터 약간 편심된 지점에 고정 베어링으로 백킹 플레이트가 장착됨으로써 모터가 회전할 때 백킹 플레이트는 작

시거잭 광택기

은 원을 그리며 궤도운동을 하는 동시에 큰 원을 그리며 자유롭게 회전하는 방식이다. 두 가지 운동 즉, 작은 원을 그리는 궤도운동과 큰 원을 그리는 회전운동이 동시에 일어난다고 하여 듀얼액션(dual action)이라고 하며, 그 움직임이 무작위적인 궤도 패턴을 보인다 하여 랜덤 오비탈(random orbital)이라고도 한다.

랜덤 오비탈 회전 방식의 광택기는 모터의 한 방향 회전을 회전운동과 작은 궤도운동으로 바꿔놓음으로써 큰 저항감 없이 광택기를 움직일 수 있어 다루기 편하고, 로터리 회전 방식에서 자주 나타나는 페인트 홀로그램 현상이 나타나지 않아 초보자도 쉽게 도전해 볼 수 있다. 물론 최상의 결과를 얻기 위해서는 랜덤 오비탈 폴리싱에 대한 이해

시거잭 광택기 헤드 내부

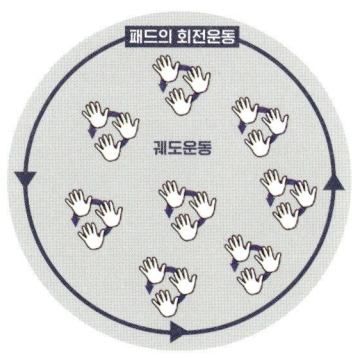

듀얼액션

 와 기술적인 테크닉이 더해져야겠지만 초보자의 기계적인 움직임만으로도 수준 높은 결과를 얻을 수 있다는 점이 랜덤 오비탈 폴리싱의 가장 큰 장점이다. 다만 시거잭 광택기는 모터의 구동력이 약하기 때문에 패드를 세게 누르면 패드의 회전이 멈추고 궤도운동만 남게 된다. 궤도운동만으로는 고른 연마가 어렵고 패드의 진동도 심해져 손과 팔의 피로를 더욱 가중시킨다. 따라서 패드가 부드럽게 회전할 수 있는 한도 내에서 패드를 눌러주면 패드의 무작위적 궤도 패턴이 잘 유지돼 도장면을 더욱 섬세하게 다듬을 수 있다.

준비물

시거잭 광택기: 5~6인치 크기의 백킹 플레이트가 장착된 벨크로 부착형 제품을 추천한다. 벨크로의 거친 면(hook)이 백킹 플레이트에 부착되어 있어 연마 강도별로 세분화된 폼 패드를 붙여 쓸 수 있다.

폼 패드: 시거잭 광택기의 백킹 플레이트보다 약간 더 큰 폼 패드를 연마 강도별로 한두 장 정도 준비한다.

벨크로 부착형 시거잭 광택기(좌)
광택기에 6.5인치 폼 패드 부착한 모습(우)

시거잭 광택기 잡는 법

흠집 제거가 목표라면 양손을 써서 안정적으로 광택기를 잡고, 누르는 압력을 세심하게 조절할 필요가 있다. 양손 잡기 시, 광택기의 전기 코드가 몸 쪽으로 향하게 한 다음 양손으로 광택기의 몸체를 잡되 전기 코드를 어깨에 얹어 코드가 차체에 닿지 않게 해야 한다. 왁싱, 페인트 클리닝, 마무리 폴리싱 등의 가벼운 작업 때는 광택기를 한 손으로 잡아도 무방하다. 한 손 잡기 시, 한 손은 광택기의 본체를 잡고 다른 손으로 전기 코드를 잡는다. 시거잭 광택기를 포함한 랜덤 오비탈 회전 방식의 광택기들은 패드의 수평이 맞지 않으면 패드 자체의 큰 회전이 상당히 느려지거나 멈춰버린다. 따라서 패드 회전이 상당히 둔화되거나 광택기의 떨림이 심해졌다면 패드의 수평부터 점검해야 한다.

시거잭 광택기 두 손 잡기

시거잭 광택기 한 손 잡기

시거잭 광택기 폴리싱 요령

시거잭 광택기는 기본적으로 차의 시동을 건 상태에서 쓰는 것을 권장하지만 시동을 걸어놓고 쓸 때의 불편함, 즉 쓰는 동안 배기가스를 계속 배출해야만 한다는 점과 엔진 열로 후드가 데워져 폴리싱 약제가 빨리 마르는 문제가 있다. ACC 전원에서 광택기를 구동하면 시동을 걸어놓고 쓸 때보다 구동력이 약간 떨어진다는 단점이 있지만 얕은 스월 마크 제거나 페인트 클리닝, 왁싱 등에는 지장을 주지 않는 정도라 시동을 걸고 쓰기 불편한 상황에서는 유용하다.

❶ 시거잭 광택기는 구동력이 약하므로 패드와 컴파운드의 작용을 극대화시킬 필요가 있다. 패드 표면 전체에 컴파운드를 가능한 한 얇고 고르게 펴 발라 패드의 모든 면이 연마 작용을 할 수 있도록 만들어준다. 폴리싱 전 처음에만 이 방법을 쓰고 이후 컴파운드를 보충할 때는 패드 네 곳에 콩알만큼 컴파운드를 떨어뜨리거나 X자, 원형 등의 모양으로 바른 후 계속 폴리싱하면 된다.

패드 전체에 약제 고르게 바르기

❷ 패드를 세게 누를수록 연마 강도는 올라가지만 패드의 큰 회전이 느려지거나 멈추게 돼 패드 궤적의 무작위성이 줄어든다. 그만큼 연마가 균일하지 못할 가능성이 커진다. 패드의 큰 회전이 유지되는 범위 내에서 압력의 변화를 주는 게 바람직하다. 강한 연마가 필요할 때는 초당 0.5~1회 정도의 큰 회전을 유지하고, 도장 표면을 섬세하게 다듬을 목적이라면 초당 2~3회 정도의 회전을

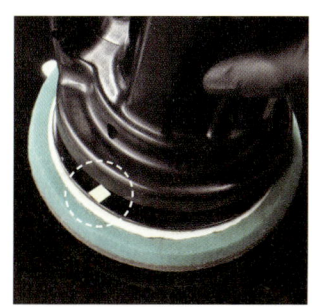

패드 회전을 확인하기 위한 백킹 플레이트 식별 표시

유지하는 게 좋다. 백킹 플레이트나 패드 윗면에 식별 표시를 하면 패드의 큰 회전을 쉽게 확인할 수 있다.

❸ 패드의 이동 속도는, 왁스를 바른다면 초당 5~6cm 정도로 빠르게 광택기를 움직이면 된다. 흠집 제거를 위해서는 패드가 도장면에 머무는 시간을 늘려 시거잭 광택기의 약한 구동력을 보완해야 하며, 아무리 얇은 스월마크라도 초당 2~3cm 정도로 천천히 움직여야 한다. 열심히 폴리싱했음에도 얇은 스월마크조차 없어지지 않았다면 팔의 이동 속도가 너무 빨랐을 가능성이 크다. 패드의 궤적이 일정하고 촘촘하게 생기도록 연습해 보자.

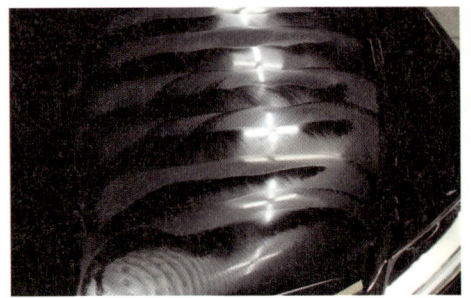
적당한 속도로 움직였을 때의 패드 이동 무늬

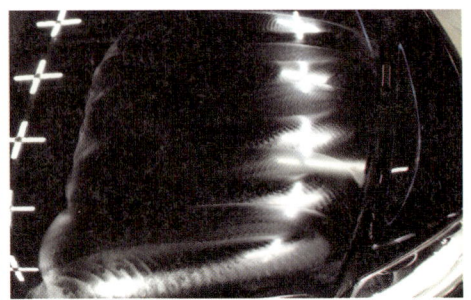
너무 빨리 움직였을 때의 패드 이동 무늬

❹ 패드는 패드가 지나간 자리가 겹치도록 줄을 바꿔가며 이동한다. 여기서 중요한 것은 패드의 중첩 비율이다. 스월마크와 같이 촘촘하고 넓게 분포한 미세 흠집에는 패드의 중첩 비율을 높이는 게 효과적이다. 폴리싱 시간은 늘어나겠지만 시거잭 광택기의 약한 구동력을 보완하는 데 좋다. 꼼꼼한 한 번의 작업이 엉성한 두세 번의 작업보다 폴리싱 결과가 더 좋을 수 있고, 결과적으로 폴리싱 시간까지 줄일 수 있다. 패드의 중첩 비율은 50~70% 정도를 제안한다.

패드의 좌우 중첩 이동

패드의 상하 중첩 이동

STEP 4
실전 셀프광택

핸드 폴리싱

핸드 폴리싱

핸드 폴리싱은 말 그대로 손으로 광택을 내는 일이다. 그러나 문지른다고 다 폴리싱이 되는 건 아니다. 도장면 상태에 맞는 패드와 약제의 선택, 더불어 문지를 때의 압력, 회전 반경, 회전량 등이 적절하게 배합됐을 때 비로소 땀 흘린 만큼의 보람을 느낄 수 있다. 또 한 가지 중요한 요소를 꼽자면, 바로 팔의 운동 능력이다. 운동 능력이 뒷받침되지 않으면 쉬이 지치게 되고, 당연히 폴리싱 완성도는 떨어지기 마련이다. 한두 번에 그치지 말고 꾸준히 시도하면서 나름의 문지르는 요령까지 더해지면 핸드 폴리싱, 정말 해볼 만하다.

물론 폴리싱 결과물을 놓고 보면 핸드 폴리싱은 머신 폴리싱을 넘어서기 어렵다. 핸드 폴리싱으로도 수준 높은 결과물을 만들 수는 있지만 머신의 랜덤 오비탈 회전 방식이 만들어내는 무결점의 마무리는 언제나 부러울 따름이다. 왜 핸드 폴리싱은 머신 폴리싱만큼의 결과물을 만들어내지 못하는 것일까? 이 질문에 대한 답을 찾아가는 과정이 곧 핸드 폴리싱의 내공을 키우는 길이다.

핸드 폴리싱

준비물

핸드 폴리싱용 핸드 그립: 핸드 폴리싱용 그립(grip)은 패드를 직접 쥐어 잡지 않고, 그립을 잡고 문지를 수 있게 하는 핸드 폴리싱 보조 도구로, 손의 피로도를 줄여주고 패드에 균일한 압력이 가해지도록 돕는다. 핸드 폴리싱용 그립의 종류도 여러 가지인데 그립을 잡았을 때 손바닥의 높이가 높은 것보다는 낮은 것이 빠르고 강한 회전에 안정적이다. 밑면이 원형인 그립은 4인치 광택기용 패드를 그대로 활용할 수 있어 패드 선택의 폭이 넓다는 장점이 있다.

손으로 덮어 잡는 형태의 핸드 그립

손으로 쥐어 잡는 형태의 핸드 그립

폼 패드: 핸드 폴리싱 패드는 크기가 작아 오염이 빨리 되는 편이므로 연마 강도별로 최소 두 장 정도는 준비하는 게 좋다. 패드를 여러 개 구비하기 번거롭다면 양면 패드를 선택하는 것도 나쁘지 않다. 단단한 면으로 컴파운딩과 폴리싱을, 부드러운 면으로 피니싱을 하면 된다. 그러나 양면 패드는 섬세한 폴리싱이 어렵고, 손으로 패드를 쥐어 잡는 형태라 손의 피로가 빨리 오는 편이다.

연마 강도별로 구분된
핸드 그립용 4인치 단면 패드

폴리싱과 피니싱 패드로 구분된
양면 패드

TIP. 핸드 그립과 양면 패드 잡는 방법

❶ 핸드 그립은 그 모양대로 잡은 다음 패드가 도장면에 수평이 되게 한다.

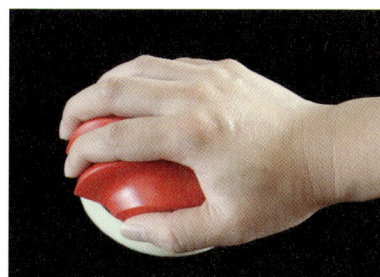

덮어 잡는 핸드 그립

쥐어 잡는 핸드 그립

❷ 양면 패드는, 손의 압력과 회전력이 잘 전달되도록 양 옆을 잡는 동시에 '세 개'의 손가락으로 위를 눌러준다. 강한 연마력이 필요할 때에는 패드를 반으로 구겨 잡고 '네 개'의 손가락으로 위를 눌러준다.

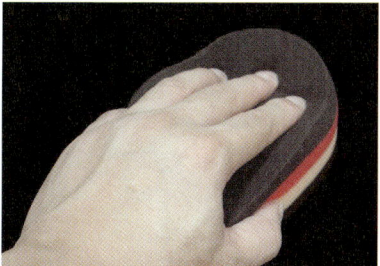

양면 패드 길게 잡기

양면 패드 구겨 잡기

핸드 폴리싱 요령

패드가 도장면에 가해지는 압력에 따라 연마의 정도가 달라진다. 겉으로 보기에는 패드가 지나간 자리에 약제가 묻어 있어 연마가 됐을 것 같지만 실상은 패드에 압력이 가해진 곳만 연마가 이뤄지고 직접적인 눌림 없이 패드가 닿기만 한 곳은 연마가 거의 이뤄지지 않는다. 온 힘을 다해 열심히 문질렀건만 효과가 기대했던 것보다 크게 부족했다면 이 부분부터 의심해 봐야 한다.

❶ 핸드 그립 없이 패드를 직접 쥐어 잡고 문지르는 경우, 더욱 촘촘하게 문질러야만 기대치에 더 가까워질 수 있다.

❷ 양손을 번갈아 쓴다. 한 손, 한쪽 팔만 쓰면 쉽게 지쳐 패널 하나도 버겁게 느껴진다. 양손을 번갈아 쓰면 한 손을 쓸 때보다 산술적으로 두 배의 일을 할 것 같지만 실제로는 그보다 몇 배는 더 할 수 있다. 팔이 아플 때까지 문지르고 팔을 바꾸는 것보다는 아프기 전에 팔을 바꿔야 팔의 피로를 덜 수 있다.

❸ 균일한 연마를 위하여 패드 전체에 약제를 골고루 펴 바른다. 시거잭 광택기의 폴리싱 요령에서 설명한 것과 같은 방법이다. 강한 연마가 필요할 때는 힘을 줘 직선 방향으로 문지르는 게 낫지만 균일하고 세밀한 폴리싱 때는 원형으로 문질러야 연마 흔적을 덜 남긴다. 왼쪽 손은 시계 방향으로 회전하며 패널의 왼쪽에서 오른쪽으로 이동할 때 쓰고, 오른쪽 손은 시계 반대 방향으로 회전하며 패널의 오른쪽에서 왼쪽으로 이동할 때 쓴다.

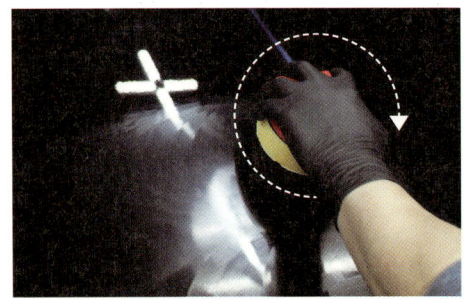

패드를 왼쪽에서 오른쪽으로 움직일 때에는 시계 방향으로 회전한다

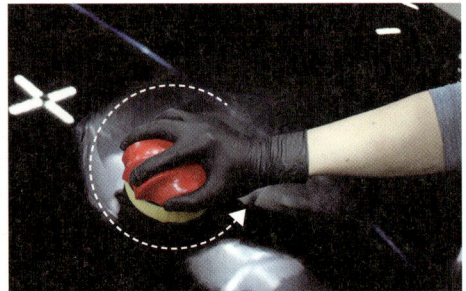

패드를 오른쪽에서 왼쪽으로 움직일 때에는 시계 반대 방향으로 회전한다

❹ 강하게 연마할 때에는 패드를 누르는 압력도 세져야 하나 패드가 도장면에 충분히 밀착할 수 있는 정도의 압력이면 충분하다. 패드를 너무 세게 누르면 패드의 쿠션력이 떨어져 연마 흔적을 많이 남길 수 있으니 주의하자. 연마는 압력 이외에 패드의 강도와 폴리싱 약제, 폴리싱 횟수 등에 더 많은 영향을 받으므로 패드를 누르는 압력에 지나치게 의존하는 건 바람직하지 않다.

❺ 패드의 회전 속도는 개인차가 많이 날 수 있다. 패드의 회전 속도가 너무 느리면 폴리싱 효율이 떨어지므로 체력에 크게 무리가 되지 않는 선에서 경쾌한 속도를 유지하는 게 좋다. 패드의 회전 속도는 패드의 회전 반경에 크게 좌우되기도 하는데 패드 가장자리로부터 2.5cm 전후의 회전 반경을 유지할 것을 권한다. 회전 반경이 작으면 도장면에 반복해서 닿는 횟수가 많아져 폴리싱 효과가 좋아지는 대신 폴리싱 효율은 떨어지고, 회전 반경이 크면 도장면에 반복해서 닿는 횟수가 줄어 폴리싱 효과가 떨어진다.

❻ 회전 반경과 더불어 중요한 것은 회전량이다. 회전량이 충분하지 않으면 만족스런 결과를 얻기 어렵다. 패드의 회전은 경쾌하게 유지하면서 아주 천천히 패드를 움직여야 한다. 그렇다고 한자리에서 오랫동안 머물면 폴리싱 효율이 지나치게 떨어지므로 멈추어 있지는 않되 애벌레가 잎사귀를 갉아 먹듯 야금야금 패드를 옮긴다.

패드의 권장 회전 범위

회전량이 많은 패드의 이동 궤적

❼ 패드의 이동 경로는 시거잭 광택기의 패드 이동 경로와 같다. 다만 양손을 번갈아 쓰는 걸 추천하므로 이동 방향에 따라 자신에게 편안한 손을 써서 문지른다. 패널의 왼쪽에서 오른쪽으로 이동할 때는 왼손을 쓰고, 패널의 오른쪽에서 왼쪽으로 이동할 때는 오른손을 쓴다. 위에서 아래로 또는 아래에서 위로 이동할 때는 정해진 손 없이 편안한 손을 먼저 쓰고 팔이 아파올 즈음 다른 손으로 바꿔 쓴다.

❽ 끝으로, 폴리싱을 멈춰할 때를 알아야 한다. 너무 빨리 멈추면 폴리싱이 제대로 되지 않아 폴리싱 효과가 부족할 것이고, 너무 오래 문지르면 약제가 마르고 패드의 윤활성이 떨어져 패드에 의한 연마 흔적이 많이 남을 수 있다. 문지르면 문지를수록 뿌옇고 탁했던 약제는 점차 투명해지는데 오일처럼 얇게 문질러질 때 폴리싱을 멈추면 된다. 문지르는데 패드에서 '뽀드득'이나 '삑삑' 소리가 나면 소리가 나지 않도록 패드에서 살짝 힘을 빼고 문질러보자. 힘을 빼도 계속 소리가 난다면 폴리싱을 멈춰야 할 때이다. 물론 소리가 나지 않더라도 앞서 이야기한 대로 폴리싱 약제가 오일 같이 부드럽게 문질러진다면 그 역시 멈추어야 할 때이다.

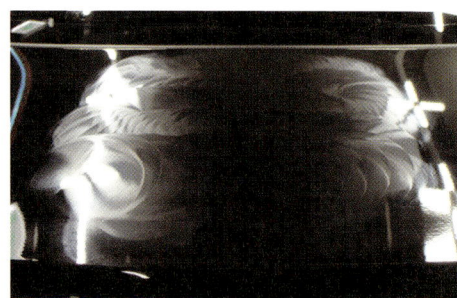

폴리싱 초반 약제가 탁한 상태

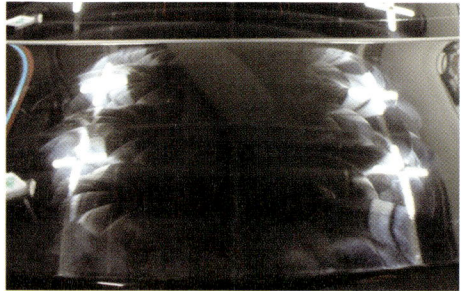

폴리싱 후반 약제가 투명한 상태

[폴리싱 방법별 장단점 비교]

	드릴 폴리싱	시거잭 광택기 폴리싱	핸드 폴리싱
장점	• 구동력이 좋아 강한 연마에 효과적이다. • 깊은 흠집을 빠르게 완화하거나 없앨 수 있다.	• 언제 어디서든 구동할 수 있어 편리하다. • 페인트 클리닝이나 스월마크 같은 얕은 흠집 제거에 유용하다.	• 준비물이 간단해 필요할 때 즉시 시도할 수 있다.
단점	• 홀로그램이 생기기 쉬워 완성도 높은 마무리가 어렵다. • 충전식 배터리를 쓰므로 장시간 사용하기는 어렵다.	• 구동력이 약해 강한 연마에는 한계가 있다. • 시동을 걸고 쓰지 않을 경우 배터리 방전에 주의해야 한다.	• 요령과 체력에 따라 개인차가 크게 날 수 있다. • 팔의 피로로 인해 장시간 작업은 어렵다.

세차의 정석
© 샤마 2019

2019년 10월 20일 초판 1쇄 인쇄
2019년 10월 30일 초판 1쇄 발행

지은이 | 샤마
발행인 | 윤호권
책임편집 | 엄초롱
책임마케팅 | 문무현, 서영광, 이영섭

발행처 | (주)시공사
출판등록 | 1989년 5월 10일(제3-248호)

주소 | 서울시 서초구 사임당로82(우편번호 06641)
전화 | 편집 (02)2046-2896 · 마케팅 (02)2046-2894
팩스 | 편집 · 마케팅 (02)585-1755
홈페이지 | www.sigongsa.com

ISBN 978-89-527-4038-0 13550

본서의 내용을 무단 복제하는 것은 저작권법에 의해 금지되어 있습니다.
파본이나 잘못된 책은 구입한 서점에서 교환해 드립니다.

이 도서의 국립중앙도서관 출판예정도서목록(CIP)은 서지정보유통지원시스템 홈페이지(http://seoji.nl.go.kr)와 국가자료공동목록시스템(http://www.nl.go.kr/kolisnet)에서 이용하실 수 있습니다.(CIP제어번호: CIP2019038739)